# 生成与表征

## 社会阶层认同机制新探

孙贝贝◎著

知识产权出版社
全国百佳图书出版单位
—北京—

**图书在版编目（CIP）数据**

生成与表征：社会阶层认同机制新探／孙贝贝著. —北京：知识产权出版社，2022.7
ISBN 978-7-5130-8198-6

Ⅰ.①生…　Ⅱ.①孙…　Ⅲ.①社会阶层—研究　Ⅳ.①D013

中国版本图书馆 CIP 数据核字（2022）第 096677 号

**责任编辑**：高　超　　**责任校对**：谷　洋
**封面设计**：臧　磊　　**责任印制**：孙婷婷

**生成与表征——社会阶层认同机制新探**
孙贝贝　著

**出版发行**：知识产权出版社有限责任公司　　**网　址**：http://www.ipph.cn
**社　址**：北京市海淀区气象路 50 号院　　**邮　编**：100081
**责编电话**：010-82000860 转 8383　　**责编邮箱**：morninghere@126.com
**发行电话**：010-82000860 转 8101/8102　　**发行传真**：010-82000893/82005070/82000270
**印　刷**：北京虎彩文化传播有限公司　　**经　销**：新华书店、各大网上书店及相关专业书店
**开　本**：720mm×1000mm　1/16　　**印　张**：12
**版　次**：2022 年 7 月第 1 版　　**印　次**：2022 年 7 月第 1 次印刷
**字　数**：165 千字　　**定　价**：68.00 元
ISBN 978-7-5130-8198-6

# 自 序

随着我国经济体制改革与社会结构转型，工业化、城市化与现代化进程的加快使得社会阶层分化日益严重，公众对阶层的感知从模糊逐渐走向清晰，阶层认同作为个人对自己在社会阶层结构中所占据的位置的感知，已成为社会结构变迁和社会阶层研究的重要组成部分。研究者在讨论我国居民阶层认同结构特征与变迁时，重点关注收入、职业等客观经济因素对阶层认同的影响。但近年来，社会流动与城镇化使得群体特征的匿名性增强，商品所体现的符号价值成为人们建构或强化社会阶层认同的重要方式。消费具有彰显社会身份和地位的象征功能，居民收入的增加致使居民消费水平提高，人们比以往更加注重消费的品质与品牌，消费部门呈现出前所未有的分化，商品消费的社会区分性以一种更加丰富、也更加直接的方式影响公众的阶层认同。

本书首先根据现有的文献，分别从阶层意识、现代性角度梳理了阶层认同，同时考察了我国实证研究中阶层认同从模糊到清晰的变化。其次，从马克思、韦伯对社会分层多元的维度看影响阶层认同的生成性因素，从消费与认同的关系等理论角度看影响阶层认同的表征性因素。其中，生成性因素变量组包括家庭收入、教育水平、职业阶层、职业技能、职业单位类别和职业管理权力，表征性因素变量组包括家庭消费支出、家庭教育支出、家庭旅游和文化支出、家庭衣着支出、汽车和住房支出。本书研究的问题是生成性因素与表征性因素对阶层认同的影响如何？这两种因素在阶层认同各个序次类别指标的认同机制上存在什么差异？根据理论的梳理，提出相应的研究假设。本书利用中国社会综合调查（CSS）2015 年数据使用广义定序 logit 模型比较了生成性因素与表征性因素对阶层认同的影响。

研究发现，以家庭收入、教育水平、职业阶层、职业技能、职业单位类别和职业管理权力为基础的生成性因素对阶层认同有显著影响。由家庭消费、家庭教育消费、家庭旅游和文化消费、家庭服装消费、汽车和住房构成的表征性因素对阶层认同也有显著影响，生成性因素与表征性因素对阶层认同均具有较强的解释力和预测力，从模型差异的似然比检验、Nagelkerke 决定系数 $R^2$、准确预测概率三个角度看，生成性因素对阶层认同的解释力要比表征性因素更强，起着更为基础的作用。

在数据模型的分析中笔者发现，家庭收入、职业阶层、工作管理地位变量对阶层认同由低到高的渐进累积序次变化的作用效果是相等的。教育、工作专业技能、工作单位类别变量对阶层认同的作用效果是存在差异的。教育仅在社会下层类别与非下层类别的比较时，与拥有初中及以下教育程度的个体相比，拥有高中教育与大学及以上教育水平的个体倾向选择更高的阶层认同。不同劳动力市场工作人员的学历水平出现明显的区隔，群体内的教育水平差异较小，教育水平对阶层认同的净效益影响较小。与生活在农村地区的居民相比，生活在城镇地区的居民偏向较低的阶层认同。主要是因为产业工人与商业服务员的阶层认同归属显著低于农业劳动者阶层。工作技能对阶层认同的影响存在断层效应，只有工作中需要较高专业技能和很高专业技能才对阶层认同起显著的影响。国有企业和私营企业工作的个体比无工作单位的个体倾向选择更高的阶层认同，国有企业员工选择较高阶层认同的可能性高于私营企业员工。

家庭消费支出、教育支持、文化支出对阶层认同没有显著的影响，服装支出、汽车和住房构成的表征性因素对阶层认同的影响显著，并且对阶层认同由低到高的渐进累积序次变化的作用效果（发生比之比）是相等的。家庭总消费支出、家庭教育支出、家庭文化支出不适合作为衡量消费差异性的标准，社会象征的区分性比较小。服装、汽车和住房三者影响人们阶层认同与行为方式的选择，具有明显的消费差异区分性。

在研究过程中，笔者参与了中国社会综合调查（CSS）2015 年的问卷调查，在广东省湛江市做现场问卷调查和督导，这让笔者对阶层认同有了鲜活的实践感观，对阶层认同的结构特征和影响因素有了更进一步的认识。除此之外，笔者还利用其他的调研机会，做了多个深入访谈，访谈对象涉及私营企业主、检察官、个体工商户、教师、律师等多种职业，收集了大量丰富的口述访谈资料，让笔者对参考框架理论有了深入的思考，为数据模型结果的解释和分析奠定了基础。

孙贝贝

2022 年 1 月于北京

# CONTENTS

# 目 录

# 第一章 导论

## 第一节 研究背景与研究问题

早期社会科学家孔德通过借鉴生物学的概念，把社会与生物有机体作类比，社会结构被比作生物有机体的骨骼。英国人类学家拉德克利夫·布朗从社会关系网络的角度解释社会结构，在他看来，个体被纷繁复杂的社会关系网络联结在一起。社会阶层结构的存续不像建筑结构那样静态存在，而是渐进的、动态的，甚至是突发的。但总体上，社会结构在一个相当长的时期内保持一种相对的稳定[1]。聚焦当下，改革开放以来，中国社会经历着由中央计划经济体制向社会主义市场经济体制的转型过程，工业化、城市化与现代化进程的加快使得社会阶层的分化日益严重，社会分化最为集中地体现了整个社会经济结构变迁的特征，分化的一个重要结果是社会阶层结构的深刻变迁，形成一个逐步具备现代社会阶层结构特征的总体格局。如何认识社会结构的变化与现状呢？社会阶层表征着社会分层的结果，形成高低有序的社会阶梯位置。社会学者一般从客观阶层认同和主观阶层认同两个方面分析当前的社会阶层结构。客观阶层认同指的是依据一定客观指标，将社会个体划分为不同的社会阶层。

---

[1] ［英］拉德克利夫·布朗．原始社会的结构与功能［M］．潘蛟，王贤海，刘文远，等译．北京：中央民族大学出版社，1999：211－229.

虽然考虑的指标较多，但人们的受教育程度、收入、职业地位则是划分阶层的主要因素。主观阶层认同是社会成员可以经过自我评估和自我认定将自己归属为某一具体的阶层。

社会阶层分化是社会结构变迁的客观层面的事实，阶层认同的变化也呈现出一种相对模糊的主观层面的事实，作为反映人们对自身社会经济地位的体验的社会阶层认同也在这个过程中发展变化。大量调查表明，随着社会分化的不断深化以及经济社会的快速发展，按照各种客观标准测量的社会阶层结构呈现出一种向上发展的趋势，但人们对自身社会经济地位的感受也就是阶层认同却波动起伏甚至有下行的趋势，超过一半的人认为自己的社会经济地位处于中下层和下层，呈现向下偏移，主要体现在社会中层认同的缺乏，将自己归为社会底层的人数相对较多。近年来，我国社会分层的研究者对这一现象讨论较多，对阶层认同的分布结构、影响因素、阶层认同向下偏移和认同偏差的背后原因与机制做了深入探讨。

哪些是影响公众阶层认同的重要因素？学术界有关阶层认同研究的学者已进行了深入的调查研究和理论探索，根据马克思关于人们的社会意识决定于社会存在的观点，作为一种社会意识的主观阶层认同理应与各种客观社会分层标准之间存在紧密的联系，因此，研究者首先关注客观经济地位对主观阶层认同的影响，其中以职业地位、收入水平和受教育水平作为测量客观社会经济地位的主要变量，也是结构化分析的重点，但是它对阶层认同的解释力不高，民众客观的社会经济地位并不一定能代表他们对社会阶层地位的感知和社会不平等的主观态度。在此研究视角解释力不高的情况下，研究者依据我国具体的社会发展情境，加入了居住空间、生活方式[1]、住房[2][3]、消费[4]、互

[1] 刘精明，李路路．阶层化：居住空间、生活方式、社会交往与阶层认同——我国城镇社会阶层化问题的实证研究［J］．社会学研究，2005（03）：52－81.

[2] 张文宏，刘琳．住房问题与阶层认同研究［J］．江海学刊，2013（04）：91－100.

[3] 张海东，杨城晨．住房与城市居民的阶层认同——基于北京、上海、广州的研究［J］．社会学研究，2017，32（05）：39－63.

[4] 刘彦，靳晓芳．城乡居民家庭消费支出与阶层认同——基于 CGSS2010 的数据分析［J］．兰州交通大学学报，2015，34（02）：56－60.

联网与手机使用[1]等影响因素，讨论这些影响因素背后的相对剥夺感、生活焦虑等理论概念，尽管研究的侧重点有所不同，但对阶层认同在当下情境下的解释无疑有借鉴意义和现实意义。

在研究维度和研究方法上，这些研究有进一步思考和深化的空间：①近几年，较多的实证研究从职业声望或职业的社会经济地位角度探讨职业对阶层认同的影响，使用的职业声望或职业社会经济地位数值是通过不同国际标准转换获得的分值。职业声望得分是所有评价者排列得分加总的平均值，因此将所有信息简化为一种集中趋势[2]，从而忽略了职业内部排序的变化，也没有考虑到我国具体的经济结构转型和市场体制转轨，具体来讲，得分相等的某一个职业，在国有企业、私营企业所获得的薪资报酬和社会福利存有较大差异，这种差异影响个体对生活的态度与判断。并且对由此得出的结果进行解释时往往是一笔带过，职业声望分数越高，阶层认同越高，我们看到的只是分值的变化和阶层认同的变化，没有职业的画面感和鲜活的社会现实意义，难以激发研究者与读者对职业影响阶层认同的现实想象，在这个简单结论的基础上需要进一步追问，职业对个体阶层认同的影响是简单线性关系吗？个体工作所在的单位类型、工作所需的职业技能、在工作中的支配权力这些影响个体收入、个体与他者社会地位评价的重要因素在实证研究中被渐渐忽略。②在消费社会，消费的区分性促使社会成员在消费上相互竞争来维持或提高在圈子中的位置，已有的研究虽然部分地关注到家庭消费支出、消费空间、住房这些因素对阶层认同的影响，但可以进一步追问这些消费实践对消费者自我阶层认同归属的影响作用有区分性吗？③在模型的选择上，由于因变量是定序变量，研究者首先选择定序

---

[1] 周葆华．新媒体使用与主观阶层认同：理论阐释与实证检验［J］．新闻大学，2010（02）：29－40.

[2] NAKAO，KEIKO and JUDITH TREAS. Updating Socioeconomic Prestige and Socioeconomic Scores：How the New Measures Measure Up［J］. Sociological Methodology，1994，Vol. 24，1－72.

logit模型，但是此模型在实证研究上满足不了平行回归假定，该假定是指自变量对因变量由低到高的渐进累积序次变化的作用效果（发生比）是相等的，从而在一个序次类别到另一个序次类别之间得到一致的斜率（即平行回归）[1]，为解决此问题，研究者往往会忽略阶层认同变量指标的序次关系，将其看作定距变量，采用多元线性回归模型，或者对指标重新归类，将其看作二分类变量，采用二项logit回归模型，再或者继续选择定序logit模型。这些做法出于各种学术研究的考虑，本身无可厚非，但在变量分析中也忽视了对各自变量因素在阶层认同各个序次类别存在认同机制差异的思考和讨论。

基于以上对阶层认同影响因素研究的反思，笔者从马克思的唯物主义的物质决定论和韦伯的多元决定论为理论出发点，将收入、教育、职业阶层、职业管理地位、职业单位类型、职业技能看作生成性因素。主要原因是由于笔者基于对以往研究的梳理，发现在市场体制与再分配体制的影响下，职业单位类型、职业支配权力和职业技能影响个体经济资本、社会资本的获得，与收入、职业阶层和教育共同形塑个体的客观阶层地位，凸显这六个变量在个体的阶层认同形成过程中的作用，这种作用一方面类似生产一样产品，需要具备原材料、生产工具、人力资源共同作用，但又有不同之处，阶层认同这种“产品”的形成不是机械性的，而是由个体通过获取这些客观经济条件而形成一定的社会经济地位，并进而根据这样的社会经济地位来形成自己的主观阶层归属或认同，因此本书将这些因素称为主观阶层地位的生成性因素。

表征性因素以消费品的符号象征性为基础，但又与象征性存在一定的差异，象征性是某一物品被社会认为具有某种社会性符号意义。当个体依据这样的象征意义而致力于获取相应的象征性物品，并通过这样的拥有/占有行为来有意无意地向外呈现其特定的社会经济地位或其相应的社会性意义时，是否拥有/占有某种象征性物品就

[1] 王存同．进阶回归分析［M］．北京：北京高等教育出版社，2017：183.

成为他们的社会经济地位或其他社会形象的表征性因素，在阶层认同分析中，我们把这样的因素称为影响阶层认同的表征性因素。书中基于消费与认同关系的理论，将具有象征性的家庭消费支出、家庭教育支出、家庭服装支出、家庭文化支出、汽车和住房称为表征性因素。本书研究的问题是生成性因素和表征性因素对阶层认同的影响如何？这两种因素在阶层认同各个序次类别指标的认同机制上存在什么差异？

## 第二节　研究的意义

### 一、理论意义

在实证研究中，通常使用收入、教育、职业变量来衡量社会成员在社会结构中位置的客观状况，阶层认同是从另一方面综合测量社会成员对其在社会阶层结构中位置的感知与认识，透过人们的自身评价反映出对社会结构的看法，主观阶层认同的变化是社会阶层结构变化在心态上的彰显。阶层认同影响因素的讨论是阶层认同研究的重要层面。所以，本书在关注收入、教育对阶层认同影响的基础上，加强了职业与消费各个维度对阶层认同影响的研究，探究生成性因素和表征性因素在阶层认同的形成过程中具体发挥了怎样的作用，丰富有关阶层认同的研究成果。使用广义定序 logit 模型，具体分析解释变量在阶层认同各个序次类别指标的认同机制上存在什么差异，这无疑对于我们进一步认识阶层认同的形成与向下偏移具有新的启发意义。

我国目前是农业社会、现代社会与后现代社会在不同发展阶段的地区并存，各种思维范式激荡。人们的居住地的改变、职业流动、雇佣关系的改变以及初始社会位置的变动，使得个体的成就更加被看重并且个体独立性增强。在农村地区和经济欠发达部分城镇地区，仍然是以亲属关系为主轴的网络关系，差序格局的形态依然明显。在大都市，人们愈加独立于所继承的传统关系纽带（家族亲戚、邻里等），以自己为中心的同事关系、同学关系、朋友关系在生活中作用愈加凸显，“为自己而活”的期待被唤醒，属于同一个社会范畴的外群体在生活比较中起着更加重要的作用，反观传统中稳定的亲属关系逐渐被弱化或被放逐。这种社会关系的变化影响人们做自我评价时选择的参考群体的变化。阶层认同影响因素分析与阶层认同向下偏移或下沉是有关阶层认同研究的两个不同的问题，但二者有没有什么关系呢？本书尝试通过具体的实证研究，思考不同参考群体与阶层认同的关系来解释城镇居民阶层认同向下偏移的问题。

## 二、现实意义

改革开放以来，我国经历了快速的经济结构调整和社会结构转型，近几年，中国居民收入持续增加，加上生活服务的便利化和信息互联网技术的全面融入，居民消费水平持续提高，恩格尔系数持续下降，用于食物消费在收入中所占比重大幅度减少，而用于文化、娱乐方面的消费有较大的增长，居民消费结构升级并呈现出新的特征，人们比以往更加注重消费的品质与品牌。以品牌为例，品牌代表了可信赖的质量和优质的服务，附加了社会中层或上层群体的生活观或者世界观，同时，品牌的定位也体现其消费人群的社会阶层地位和品味。人们对商品的消费目的不再是为了单纯地满足生活的基本需求，而是更加看重消费蕴含的符号表征。琳琅满目的商品和应接不暇的广告是现今消费社会中物质丰富的景象，但是将现代社会与传统社会划分开来的是对商品符号意义的突出。

最近几年，国家在宣传上倡导品牌意识，认为没有品牌就没有进入国际高端市场的入场券，注重打造品牌，宣传工匠精神和创新文化，赋予品牌特定的价值理念和各种情怀，像“中国高铁”就成为国家对外经济输出的名片。在人们的日常消费中，广告、时尚和包装通过大众媒体传播商品内含的文化和价值理念。生活中有一句顺口溜，“爸爸的奥迪车，妈妈的迪奥香水，我的奥利奥饼干”，这体现了一个中产家庭的消费层次，这些品牌内含着符号价值——奢华、地位、权力和风格等的标识和表现，刺激消费者的购买欲望。消费部门呈现出前所未有的分化，政府和企业越来越多地将注意力放在操作消费空间、创造知名商品的符号价值上，商品的符号价值在这个膜拜品牌的时代已经成为消费商品的重要组成部分，“符号价值”在不断地疯涨。个体的消费实践活动在生活领域中占有越来越显著的位置，使消费社会区分的功能变得非常强大，某些消费指标的社会区分作用甚至超过了收入和职业。

消费的社会分化作用反映在人们的互动与自我评价之中，因此，消费是建构个体阶层认同的重要材料，个体按照自己的消费模式界定自我或强化阶层归属和个性类别。消费产品社会象征性的可视化载体功能也将群体间的差异形象地显现出来，如大众群体钟爱小米手机、精英群体追求 iPhone 手机，这种潜在的二元消费结构模式使得社会不同群体之间的关系处在隐性紧张的状态，消费差距的过分悬殊使得不同群体以及同一群体内部形成有形或无形的消费竞争，给部分收入下降的居民造成精神压力，有些人可能会将消费的这种差别归因于“社会不平等”。部分高收入群体的奢侈品消费和炫富行为，成为大众讨论收入不平等、地位不平等的靶子，个人与他人相比较容易产生相对剥夺感而把自己归入较低的阶层认同类别，认为自己属于社会的中下层或下层。阶层认同影响人们的社会冲突意识和行为取向，越将自我认同归为中下层与下层的人，越是认为现在与将来阶层之间的社会冲突严重。尤其是那些主观上把自己归结为社会下层的社会成员，认为现在和未来社会冲突会加剧，更容易出现极端行为[1]，这种情形不利于社会的稳定与发展，人们的阶层认同

[1] 李培林．社会冲突与阶级意识：当代中国社会矛盾研究［J］．社会，2005（01）：7－27.

归属将对社会秩序产生影响。因此，在阶层认同影响因素研究中系统地分析消费对阶层认同的影响对理解社会冲突与社会心态有重要的现实意义。

## 第三节　章节安排

本书将以下述步骤展开并对章节进行布局：

第二章，分别从阶层意识、现代性角度梳理了阶层认同的概念，同时考察了我国实证研究中阶层认同从模糊到清晰的变化。第三章与第四章从马克思、韦伯对社会分层多元的维度看影响阶层认同的生成性因素，从消费与认同的关系理论角度看影响阶层认同的表征性因素。其中，生成性因素变量组包括家庭收入、教育水平、职业阶层、职业技能、职业单位类别和职业管理权力，表征性因素变量组包括家庭消费支出、家庭教育支出、家庭旅游和文化支出、家庭衣着支出、汽车和住房支出。第五章重点说明了使用的数据，对相关研究假设及涉及的关键概念进行变量的操作化与测量，阐述模型选择的原因。第六章对研究假设进行检验和模型的统计结果分析。第七章从参考群体理论对阶层认同影响因素进一步展开讨论。第八章对生成性因素与表征性因素进行讨论，总结和讨论本项研究的发现，并提出本研究仍需完善和改进之处。

# 第二章 阶层认同概念

## 第一节 从阶层意识角度看阶层认同

阶级意识（class consciousness）是马克思主义经典社会学家分析问题的重要概念。马克思从剥削的关系、生产过程中的位置去解释阶级关系。仅仅是大批工人的共同经济地位和他们与资本家的共同利害关系，只能使他们对资本来说形成一个“自在阶级”；只有在他们与资产阶级的对立和冲突中，逐渐意识到自己的共同处境和利益，并团结起来，才能成为一个有意识的“自为阶级”[1][2]。即从“自在阶级”成为“自为阶级”的转变，需要进行阶级意识的启动和组织动员[3]。汤普森强调，阶级是一种历史现象，“当一批人从共同的经历中得出结论（不管这种经历是从前辈那里得来还是亲身体验），感到并明确说出他们之间有共同利益，他们的利益与其他人不同（而且常常对立）时，阶级就产生了”[4]。他指出了阶级的形成除了包括共同的经历外，也含有由共同的阶级利益产生的阶级意识[5]。

---

[1] 马克思，恩格斯．马克思恩格斯全集（第4卷）［M］．北京：人民出版社，1965：196.

[2] 马克思，恩格斯．马克思恩格斯选集（第1卷）［M］．北京：人民出版社，1972：693.

[3] 李春玲．断裂与碎片：当代中国社会阶层分化实证分析［M］．北京：社会科学文献出版社，2005：265.

[4] ［英］E. P. 汤普森．英国工人阶级的形成［M］．钱乘旦，等译．南京：译林出版社，2013：1－2.

[5] 吴清军．市场转型时期国企工人的群体认同与阶级意识［J］．社会学研究，2008（06）：58－79.

阶层意识（strata consciousness）同社会阶梯结构的分层理论模型相联系。刘欣认为，它所指的是居于一定社会阶层地位的个人对社会不平等状况及其自身所处的社会经济地位的主观意识、评价和感受。其基础也并非仅仅建立在物质经济利益的基础之上，各种经济、权利、文化、技术资源的不平等分配，都可以成为这种意识的基础[1]。他认为阶层意识概念的操作定义包括以下几个方面：①人们是否有阶层认知；②划分阶层地位高低的主要依据是什么？③人们是否把自己归属不同的社会阶层？

王春光和李炜认为，阶层意识指的是对阶层之存在、自我阶层认定、自我阶层归属等一系列问题的社会认知，属于阶层主观建构的一个层面[2]。阶层意识的操作定义为①是否认为存在社会阶层；②是否认为自己归属某个阶层；③是否能认定自己归属哪个阶层。阶层主观建构的清晰程度和强度递增。李春玲[3]从社会区分的感知程度、社会区分的标志特征、社会区分的等级类别和自我社会经济归类四个方面讨论社会分层意识过程及强烈程度。阶层认同是阶层意识概念操作定义的终端，明确的阶层认同折射出强烈的社会区分意识。以上研究者所界定的阶层意识都偏向个体微观而非集体意识的概念。

马广海认为，阶层意识不仅包含有作为阶层成员对自身社会经济地位的个体主观意识，也含有作为阶层成员共同认知的集体意识的画面，即同一个阶层的多数成员持有某些相近的社会认知和行动取向，经常表现为同一阶层成员对某些重大事件的相似性评价或对某些社会政策执行效果的相似的感知以及对一些社会政治权利的共同诉求[4]。李培林研究发现，在目前社会快速的发展过程中，阶层认

---

[1] 刘欣．转型期中国大陆城市居民的阶层意识［J］．社会学研究，2001（03）：8－17.

[2] 王春光，李炜．当代中国社会阶层的主观性建构和客观实在［J］．江苏社会科学，2002（04）：95－100.

[3] 李春玲．当前中国人的社会分层意识［J］．湖南社会科学，2003（05）：76－79.

[4] 马广海．存在、认同与冲突：转型期我国社会的阶层意识概览［J］．山东社会科学，2011（05）：64－72.

同作为考察社会阶级阶层冲突意识的指标，是有统计推断意义的解释变量，特别是阶层认同比较低的人群比客观阶层地位低的人群更可能是发生社会冲突的诱因[1]。

阶层认同（status identification）是“个人对自己在社会阶层结构中所占据的位置的感知”[2]。阶层认同是阶层意识的重要组成部分，属于社会阶层的综合性测量方法之一。在外文文献中，它与阶级地位认同（class indentification）没有明确的区分。西方的主流观点是，阶级认同是个人对经济资源的占有以及对他人劳动的支配的主观反映[3]。国内的研究者也用不同的名称表示阶层认同，包括认同阶级[4]、阶层等级定位[5]、地位层级认同[6]、阶层归属意识[7]、主观地位[8]、社会分层认同[9]等。虽然称呼或名称有差异，但研究者使用的概念操作性指标是一致的。阶层认同的操作性问题是“您认为您本人的社会经济地位现在在本地大体属于哪个层次，五个选项包括：上、中上、中、中下、下”。

社会分层的各个分类视角相互依赖、相互关联，阶层认同测量

---

[1] 李培林．社会冲突与阶级意识：当代中国社会矛盾研究［J］．社会，2005（01）：7－27.

[2] MARY R. JACKMAN and ROBERT W. JACKMAN. An Interpretation of the Relation Between Objective and Subjective Social Status［J］. American Sociological Review，1973，Vol. 38，569－582.

[3] 边燕杰，卢汉龙．改革与社会经济不平等：上海市民地位观［G］//边燕杰．市场转型与社会分层：美国社会学者分析中国［M］．北京：生活·读书·新知三联书店，2002：509－520.

[4] 张翼．中国社会阶层结构变动趋势研究：基于全国性 CGSS 调查数据的分析［J］．中国特色社会主义研究，2011（03）：65－74.

[5] 王春光，李炜．当代中国社会阶层的主观性建构和客观实在［J］．江苏社会科学，2002（04）：95－100.

[6] 高勇．地位层级认同为何下移：兼论地位层级认同基础的转变［J］．社会，2013，33（04）：83－102.

[7] 郑晨．阶层归属意识及其成因分析：中国广州市居民的一项调查［J］．浙江学刊，2001（03）：115－117.

[8] 华红琴，翁定军．社会地位、生活境遇与焦虑［J］．社会，2013，33（01）：136－160.

[9] 冯仕政．中国社会转型期的阶级认同与社会稳定：基于中国综合调查的实证研究［J］．黑龙江社会科学，2011（03）：127－133.

让被访者自己直接评定在社会阶层结构中的位置。格伦斯基认为，分层体系是复杂的而且是多维的，从简化策略的角度理解分层体系，可以分为简化论、综合方法和分类。简化论是只认定某一种资产决定社会分层的结构、来源和演变，马克思强调经济因素对阶级形成的决定作用，声望和权力是非马克思主义者分析阶级形成的重要因素。相对而言，一种综合方法要考虑多种资产和资源，职业结构和职业流动间接提供了关于身份权力、经济权力和政治权力的信息[1]，所以通过对职业结构位置的区分来测量个体的社会地位；另一种综合方法是让被访者主观认定自己在社会等级中的位置，把个体的判断作为不平等的原始资料。分类在量化分层研究中主要体现为赖特的 12 分类的新马克思主义框架和戈德索普设计的 11 分类的新韦伯主义框架。

阶层认同是个人对其在社会结构中所处位置的认识，“这是一个既与日常经验有关，又在理论上与阶级认同相区别的一个概念”[2]。阶层认同作为阶层的综合性测量方法之一，它让被访者主观认定自己在社会等级中的位置。在社会结构变迁的大环境下，被访者作为生活的实践者，通过既有的生活经历亲身体验现实的生活图景，也通过自己与他人的互动而体验着其赖以生活世界的阶级阶序，以及自己在此序列中的位置[3]。

## 第二节　从现代性角度看待认同

在英文中，identity 源自拉丁文 identita，既可以作动词，也可以作名词，不同研究偏好存在差异，被翻译成“同一性”“认同”“身

---

[1] ［美］戴维·格伦斯基．社会分层［M］．2 版．王俊，等译．北京：华夏出版社，2005：5.

[2] 边燕杰，卢汉龙．改革与社会经济不平等：上海市民地位观［G］//边燕杰．市场转型与社会分层：美国社会学者分析中国［M］．北京：生活·读书·新知三联书店，2002：509 –520.

[3] 张翼．中国社会阶层结构变动趋势研究：基于全国性 CGSS 调查数据的分析［J］．中国特色社会主义研究，2011（03）：65 –74.

份”等。“个人”的认同归类，就是个体与他人具有某些共同的特定属性，使得他可以被并入某一个群体，与没有这种属性的人相区分，这种属性持续一段时间稳定地体现在某一个人身上。个体拥有的每个属性，也体现着个人与社会其他群体的一种联系。因为分类的多重性，使社会不同群体的划分变得比较复杂。

布劳认为，社会结构被定义为一个社会的人口在多维空间中的社会地位上的分布。社会结构可以通过结构参数来描述。结构参数是刻画个人属性的特征变量，它们影响着人们的角色关系和社会交往，从而引起社会地位的分化，例如教育、职业等。结构参数基本分为两类：类别参数和等级参数。类别参数将人口划分成有着不同界限的亚群体，群体间没有内在的级序，例如性别。等级参数是根据某种地位级序来区分人们的。异质性是指人口由类别参数所表示的各群体之间的分布。不平等性是指由等级参数所表示的地位分布。[1] 个人的社会属性是复杂而非单一的，复合参数是指类别参数和等级参数的相交叉和加强，社会属性间的相互关联程度，对群体和阶层的整合、社会流动和结构变迁都有较大影响。

认同理论的重要贡献者埃里克·埃里克森（Eric H. Erikson）主张，人人都存在对自己身份归属的自觉意识。他从实际临床病例观察中总结出“认同危机”的存在。在“二战”期间，退伍军人中的很多病人由于战争的紧急状态丧失了个体自我认同的同一性与历史连续性，因此，产生了生活混乱的感觉，在他后来的观察研究中，他发现在许多年轻人身上存在同样的病症特点，但年轻人是由于自己与内在思考的冲突或者与社会发展的格格不入产生的冲突或混乱。[2] 他把 identity 与个体自我相互联结变成 Ego - identity，体现着个体自我发展的形成和社会发展联系起来的主观心理体验以及态度。

---

[1] ［美］彼得·布劳．不平等和异质性［M］．王春光，谢圣赞，译．北京：中国社会科学出版社，1991：5 - 187.

[2] ［美］埃里克·H. 埃里克森．同一性：青少年与危机［M］．孙名之，译．杭州：浙江教育出版社，1998：3.

他认为 identity 的分析研究要与社会变迁背景关联起来，不能仅局限于精神分析领域，因此，从 Ego - identity 发展成为 Self - identity，使得 self - identity 展现出个人与社会发展、社会关系等方面的互动，符号互动论在研究发展中继承了这个观点。但是，安东尼·吉登斯依然对埃里克森的“自我认同”进行批评，认为缺少了社会学方面的关照。[1]

国内研究者伍庆认为，埃里克森对个体认同的发展突出了个体能动性、历史性和社会性[2]。能动性强调人对自己的认同归类不再是被动接纳的，客观环境无法决定主体的属性，主体有对客观环境的想法、思考和态度，个体会对社会身份标识产生自己的思考与判断，例如一些白领群体认为自己“被中产”，认为自己的生活并没有达到中产的程度。具有某种属性或者占有某种资源的个体，不会必然产生与此相对应的认同，例如以收入的多寡作为群体认同的客观属性并未产生相应的阶层认同，阶层认同是个体主观的反思所产生的心理状态，存在能动的建构，有可能两者出现冲突，产生认同的危机。历史性与社会性强调个体的经历和在生活中的体验持续影响着认同归属，在此过程中，生活的时空背景下的社会发展变化影响着个体的认同，它是在个体与社会周围环境的相互互动中形成和发展的。[3]

自我认同可以具体划分为个人认同和社会认同。社会认同是关注个体的社会性维度以及个体对所归属的群体的认同。根据类别属性的划分，每一种重要的类别参数均能够归结为一种社会认同，例如中产阶层认同、少数民族认同、语言认同和性别认同等。社会认同虽然会因为社会结构的变化和主体间的互动产生一些变化，但相当长的一段时期内保持相对的稳定。对于社会认同，个体先天的类

---

[1] ［英］安东尼·吉登斯．现代性与自我认同［M］．赵旭东，方文，王铭铭，译．北京：生活·读书·新知三联书店，1998：33.

[2] 伍庆．消费社会与消费认同［M］．北京：社会科学文献出版社，2009：30 - 31.

[3] ［美］埃里克·H. 埃里克森．同一性：青少年与危机［M］．孙名之，译．杭州：浙江教育出版社，1998：10.

别属性影响个体的认同，但是成长过程中个体接受的社会化机制也在形塑着个体的认同，认同的形成既有先天因素也有后天建构的成分，这种看法从某方面来说，体现着现代和后现代思想观点的区别。因此，有研究者认为当 identity 被翻译成“身份”时，强调个体客观的属性与结构性因素对认同的决定作用。当 identity 被翻译成“认同”时，认为个体的类别归属可以是社会化情况下的心理体验，可以被能动地建构，同一个人在身份和认同上存在一定的差异。例如，学校中层干部是一种身份，但是干部对自己的阶层认同有很大差异。

汤普森认为，阶层认同不是由客观地位自动生成的，而是在人们的生活经历和体验中日积月累产生的。[1] 改革开放之后，中国一直处在快速社会转型的过程中，一方面，国家体制改革，计划经济体制下形成的稳定等级结构逐渐被解构，经济结构调整，国有企业和事业单位改革，抓大放小，大批的国企工人下岗；另一方面，农村的农民脱离了土地，城乡之间流动与地域空间的社会流动加快，城市不断扩张，新职业兴起并发展。除了少部分留在体制内工作的人，大部分群体脱离了稳定的社会职位，摆脱了传统僵化的身份地位系统。在这种社会结构变迁的背景下，多数人都面临着重新审视自己的可能，个体的有些类别归类不再是固定不变的。

在社会的快速发展过程中，个体出生时从家庭背景天然承袭的家庭归属是固有的社会身份，难以改变，这种属性也在直接或者间接地影响个体的其他认同归属。而由学者所建构的由后致因素如收入、教育和职业共同指向的客观社会经济地位是变动的。虽然在较长的时间内阶层认同比较稳定，但受外界环境的影响，也处在变动中，尤其是处在风险社会环境下，这种阶层认同的变动更为强烈。例如，在美国的次贷危机之前，有些人在金融行业工作中获得高薪收入和较高的社会地位，得到他人的尊敬和仰视，被称为金领。但

[1] ［英］E. P. 汤普森．英国工人阶级的形成［M］．钱乘旦，等译．南京：译林出版社，2013：56－57.

是随着次贷危机的到来，很多在金融行业工作的人失去了体面的工作和较高的收入，面对房贷和车贷他们感到生活无法喘息，同时也带来了他们社会地位归属的改变。毕竟在遭遇生活的困境时，个体比较容易焦虑和自我否定，他人也会对此种情况产生负性评价，这种社会情境会导致自我阶层认同偏低。

在中国现代社会发展打碎计划经济体制下的社会结构后，家庭出身对认同的影响削弱，直接体现在父亲的教育水平、职业地位对个体的生活世界的影响在逐渐减弱，而受客观社会经济地位影响的社会阶层结构在人们的生活中的影响作用逐渐增强，影响阶层认同的重要基础也相应从固定的天然的社会等级向松散的社会阶层结构转变。由于工业社会带来的社会价值观的变化，在人们的自我评价中，由个体后天社会成就决定的社会阶层地位逐渐取代从家庭中承袭的家庭出身的社会阶层归属，阶层认同在社会不断发展的背景下，在与参照群体的比较中，不断地进行确认再确认，检测之后再检测❶，需要个体通过努力奋斗维持甚至改善这种阶层认同归属，个体的反思性在阶层认同的建构过程中体现得较为明显。因此，像客观阶层地位这种由等级类别属性取得的成员资格不是必然地被接纳，而且这种成员资格是在不确定性的环境下间接地给定的，个体在阶层等级次序的归类中，面临着对自己“建构”和反思的需要❷，在这个过程中需要做出选择，因此，这种选择附带了个体的主观倾向性，个体客观存在的成员资格并非一定会获得主观上的认同。从这个角度，可以解释主观阶层认同与客观阶层地位不一致的问题。

在个体自反性的理论中，假定个体是具有反思性的，将自己从社会结构中剥离出来，基于自己的生活叙事，站在他者的角度，能够将自己看成观察和思考的对象，以特定的标准将自己与他人进行

---

❶ ［英］齐格蒙·鲍曼．后现代性及其缺憾［M］．郇建立，译．上海：学林出版社，2002：49.

❷ ［英］齐格蒙·鲍曼．后现代伦理学［M］．张成岗，译．南京：江苏人民出版社，2003：5.

分类。[1] 这在社会认同理论中被看作自我分类。将个体归并到某一个群体的过程，是在某种标准和社会价值观旗号下进行的。个体在进行阶层的自我归类时，会看重哪些标准呢？因为每个人都有多种类别属性，对应着多种社会归属成员资格，只有某些属性标准在个体看来是有重要作用的，在与人们的参考群体比较中，这些属性是被重点考虑的对象，并且对群体的其他人来说，这种标准也同样有意义，即对这种属性的考虑是社会群体普遍接受的观念，相信此种属性对人们的生活世界是有意义的，此种属性从而成为社会强而有力的联系纽带。例如，在生活中，有房逐渐成为公众认可的财富和社会地位的重要表征，亦是影响青年择偶和结婚的重要因素。

认同危机是个体在身份多元和频繁流变的过程中引发个体同一性的断裂或冲突，使得个体对自我的选择产生焦虑和困惑。快速的高铁、城乡的跨越、地域的穿梭、生活的快餐化、人与人新媒体交流的泛化，等等，这些都使得人们对空间和流动产生恍惚感，拘泥于头衔或者政治身份的标识在逐渐淡化，而其他的多种角色身份在追求成就证明自己的过程中被凸显，我是什么人？在社会上处在什么地位？在自我的审视和反思中，这种认同一致性在逐渐流失，人们在不确定性中渴望寻找新的信仰来重新规制自己的生活[2]。在这种状况下，个体的流变性特质和多元的身份产生两面性，一方面，个体对生活焦虑与不安，在青春的躁动和中年的危机中，不知不觉步入夕阳的老年；另一方面，个体从家庭承袭的枷锁中解脱出来，努力奋斗，在更自由的环境下有更多的发展，这也是年轻人常说的所有的努力只为遇见更好的自己，这个自己是对自身社会阶层认同的改善。但是，如果个体能够协调好自身的多方面认同，也并不一定

---

[1] ［德］乌尔里希·贝克，［英］安东尼·吉登斯，斯科特·拉什．自反性现代化：现代社会秩序中的政治、传统与美学［M］．赵文书，译．北京：商务印书馆，2014：142－149.

[2] ［美］丹尼尔·贝尔．意识形态的终结［M］．张国清，译．南京：江苏人民出版社，2001：4－5.

会导致认同的危机。[1]

自我归类运用的是等级和类别属性抽象的概念，例如职业、教育和消费等。在某种属性上存在的差异是自我归类的基础，正是基于这种差异，人们将自己归于某个群体。不像“熟人社会”那样，家庭与家庭、人与人之间的了解较为清楚，即俗话说的知根知底。在匿名性和隐私性较强、充斥着陌生人的城市中，这种抽象的差异在生活中不直接显现在人们的面前，而是以各种形式生动形象地展现在大家面前，以便群体成员之间进行讨论和比较，寻找差异甚至夸大差异来强化归类。因此，差异的符号因为其存在的象征意义成为比较适宜的载体，将群体间的差异形象地显现出来，让认同比较的基础变得可视化。“认同是为了穿戴和展示，而不是为了储藏和保存”[2]。

## 第三节　从国内实证研究中认识中国城镇居民的阶层认同的特征

### 一、阶层认知

市场经济改革进程的不断推进，使社会经济差异增强了公众的分层感知。刘欣以 1996 年收集的武汉市居民的抽样调查资料为分析依据总结发现，约 3/4 的被访者认为可以按照社会经济地位的高低分为不同的阶层。有 21% 认为不可以分层，有 2. 3% 回答不知道[3]。李春玲依据 160 多个个案访谈，发现 1995 年和 1996 年的被访者中约有 1/3 的被访者认为存在阶层现象，1999 年和 2000 年的 10 个被访

[1] 伍庆．消费社会与消费认同［M］．北京：社会科学文献出版社，2009：85.
[2] BAUMAN. Z. Identity［M］．Cambridge：Polity Press，2004：89.
[3] 刘欣．转型期中国大陆城市居民的阶层意识［J］．社会学研究，2001（03）：8－17.

者中有 8 人认为存在阶层，并对社会区分的话题感兴趣[1]。这种对比说明，随着人们对现实的社会经济差异的感知程度日益增加，社会分层意识在增强。

不同的社会阶层在阶层感知上存在一定程度的差别。王春光和李炜根据“当代中国社会结构研究”课题数据分析显示，“与总体被调查者有 51.6% 的人承认存在社会阶层这一点相比，经理人员阶层、国家及社会管理者阶层、专业技术人员阶层、办事人员阶层和商业服务人员阶层中有更多的人承认社会阶层的存在，而个体户、产业工人、农民中承认社会阶层的比例远低于总体的同类百分比”[2]。社会等级地位高的阶层在阶层感知上比其他阶层更为强烈。

## 二、阶层认同模糊

国内学者最早对阶层认同进行研究的是卢汉龙，他和边燕杰合作撰写的《改革与社会经济不平等：上海市民地位观》，使用 1991 年上海市区居民调查数据，从泽林尼再分配理论出发，研究在社会主义社会，人们的社会地位观念是如何反映社会经济不平等的结构。样本分析显示 65.6% 的被访者认为自己属于中层及以上，34.4% 的认为自己属于中下层和下层。卢汉龙的主要结论是我国虽然存在显著的社会差别，但没有形成固定的社会地位观念，与工业化程度比较高的国家对比，我国市民的社会地位认同意识模糊，主要原因是国家在收入、受教育权力以及职业平等方面做了很多工作，目的是弱化人们之间的差别[3]。

---

[1] 李春玲．当前中国人的社会分层意识［J］．湖南社会科学，2003（05）：76－79.

[2] 王春光，李炜．当代中国社会阶层的主观性建构和客观实在［J］．江苏社会科学，2002（04）：95－100.

[3] 卢汉龙．城市居民社会地位认同［G］//中国社会科学院社会学研究所．中国社会学年鉴：1992.7—1995.6［M］．北京：中国大百科全书出版社，1996：119－125.

明确的阶层认同与市场改革的深度相关。卢汉龙在《城市居民社会地位认同研究》中，使用1994年同时在上海和和广州收集的数据，与1991年的数据相比，分析显示不清楚社会地位的人比例从1991年的15.7%下降到5.3%，广州样本为7.5%。在“当代中国社会结构变迁”课题的研究中，对同样的问题，深圳只有6.8%的被访者选择“不清楚”和“不回答”[1]。除此之外，研究者还发现与上海相比，广州和深圳的地位认同模式中更具有市场型社会的发展特征，深圳的阶层认同结构偏向橄榄型，广州的调查资料显示教育水平和性别对阶层地位认同显著性增加。

## 三、阶层认同偏移

以其他国家居民的阶层认同作为参照对象，我国居民阶层认同结构呈“向下偏移”。最早提出我国城市公众的阶层认同表现出一种“向下”偏移的状况的是研究者刘欣[2]。他依据1996年在武汉抽样调查获得的数据，从经济地位认同、声望地位认同、权力地位认同和综合地位认同四个方面分析阶层认同，55.3%的被访者认为自己处在中层及以上，43.8%认为是中下层和下层。与其他国家比较，武汉市居民认同中等偏下的比例明显偏高。李培林依据2002年中国社会科学院组织的中国城市居民社会观念抽样调查数据，使用城市市民的主观阶层认同的数据统计结果与其他发达国家相应发展阶段的时期进行比较，同样发现中国城市居民的阶层认同显现出显著的“向下偏移”特征，这说明中国还未成为一个中间层占主体的社会[3]。陈光金分析了美国和日本社会二者与中国近似发展阶段的主观阶层认同分布结构变化趋势，相比较而言，中国社会最近十年的主

---

[1] 王春光，李炜．当代中国社会阶层的主观性建构和客观实在［J］．江苏社会科学，2002（04）：95－100.

[2] 刘欣．转型期中国大陆城市居民的阶层意识［J］．社会学研究，2001（03）：8－17.

[3] 李培林，张翼，赵延东，等．社会冲突与阶级意识：当代中国社会矛盾问题研究［M］．北京：社会科学文献出版社，2005：55－87.

观认同阶层分布结构变动出现先下沉然后上扬的趋势[1]。

以国内 2000 年左右的居民的阶层认同结构为参照对象，我国居民阶层认同结构亦呈“向下偏移”趋势，究其原因，主要是由于本应认同“中层”的人员转移向“中下层”或“下层”认同。冯仕政以“中国综合社会调查”（CGSS）中 2003 年、2005 年和 2006 年三年的调查数据对我国城乡居民家庭地位的认同进行比较，发现自认为属于“中下层”和“下层”的比例出奇地高，而且这个比例还在逐年攀升，从城镇居民关于家庭地位的认同来看，自认为属于“中下层”和“下层”的从 2003 年的 50.8% 迅速升到了 2006 年的 63.3%，增加了 12.5%；从农村居民关于家庭的认同来看，这个比例从 2005 年的 45.9% 上升到 2006 年的 69.7%，大幅攀升 23.8%。这些大幅增加的“中下层”和“下层”，主要是从“中层”转移出来的。[2] 高勇发现不同收入阶层者的阶层认同和不同单位类型者的阶层认同均出现了不同程度的下移，处于国有企业和党政事业单位中的中低收入者的阶层认同下移程度最大。阶层认同下降是一种跨群体和跨层级的普遍现象。以上两位研究者从收入阶层、单位类型、户籍三个维度为解释变量，分析阶层认同下移的程度和阶层认同偏移的群体。

与使用 2006 年之前的经验数据研究相比，之后的经验数据研究显示阶层地位认同中间层认同逐渐增加，但增幅不大。陆益龙[3]根据 2006 年的综合社会调查（2006CGSS）数据分析，农村居民具有“偏低层”的阶层认同倾向。97.7% 的农村居民认为自己的社会阶层地位属于中层及以下，属于下层认同多达 47.4%，27.5% 的人认同中

[1] 陈光金．不仅有“相对剥夺”，还有“生存焦虑”——中国主观认同阶层分布十年变迁的实证分析（2001—2011）[J]．黑龙江社会科学，2013（05）：76－88.

[2] 冯仕政．中国社会转型期的阶级认同与社会稳定——基于中国综合调查的实证研究 [J]．黑龙江社会科学，2011（03）：127－133.

[3] 陆益龙．乡村居民的阶级意识和阶层认同：结构抑或建构——基于 2006CGSS 的实证分析 [J]．江苏社会科学，2010（01）：114－124.

下层，由此形成了似“钟”形的阶层认同。而后，陆益龙[1]又根据2008年的综合社会调查（2008CGSS）数据分析，有47.1%的人属于“中层”认同，25.5%的人将自己认同为“中下层”，16%的人认同为“底层”，将当前的阶层认同特征描绘为“宝塔型”。基本特点是中层、中下层和底层比例较高且基本相当，构成宝塔的主体。通过近两年的数据比较，研究证实人们的阶层认同已经从偏底层的认同逐步转向中层及中下阶层认同。陈光金使用中国社会科学院社会学所2001年“当代中国社会结构变迁研究”课题和社会学所“综合社会调查研究”（2006CSS、2008CSS、2011CSS）经验数据分析得出，与2001年的调查结果相比，2006年阶层认同中的中层及以上的认同均大幅度下降，中下层和下层的被访者相应增加，而2008年和2011年的调查结果中，认同中层及以上的地位的被调查者比重有所上升[2]。

阶层认同与客观阶层地位认同不一致。王春光和李炜基于学者主观建构排列的中国十大阶层序列为客观阶层等级，与被访者的阶层认同做交互分析，发现阶层认同与客观阶层等级存在着不一致大于一致，其中在汉川的分析中，经理在客观指标排第二，但主观阶层认同认为是处于中下层，私营企业主在客观的阶层序列中为中产阶级，但主观认同处于中下层[3]。职业是“客观”社会经济地位测量的重要参考指标和阶层地位的综合测量方法之一。陈光金认为“从国际上看，人们的主观认同阶层分布曲线一般都会随着经济社会发展和职业阶层结构向上调整而不断上扬”，随着经济发展，从2001年至2011年，我国处于中层、中上层甚至上层的职业地位群体的规模和所占的比重均有相应的扩张，但是公众的阶层认同却出现下移，

---

[1] 陆益龙．态度、认同与社会分层的主观建构——基于2008CGSS的描述性分析[J]．湖南社会科学，2011（05）：53－57.

[2] 陈光金．不仅有“相对剥夺”，还有“生存焦虑”——中国主观认同阶层分布十年变迁的实证分析（2001—2011）[J]．黑龙江社会科学，2013（05）：76－88.

[3] 王春光，李炜．当代中国社会阶层的主观性建构和客观实在[J]．江苏社会科学，2002（04）：95－100.

从侧面反映出“客观”社会经济地位与阶层认同的不一致[1]。

相对于客观阶层地位，阶层认同表现出一定的“趋中”特征。卢福营、张兆曙依据浙江省“四类村庄社会分层的个案比较研究”调查资料的分析，以家庭年度总收入维度作为客观阶层地位分层的标准，认为农村居民的客观分层与主观认同的总体结构具有一致性，二者存在一定的正相关关系，村民的经济收入越高，其阶层认同也越高。但是也存在内部差异：客观地位分层处于中间层居民，阶层认同“趋向中层”，而上层和下层居民的地位认同分别呈现“向下偏移”和“向上偏移”[2]的现象。仇立平和韩钰（2014）基于CGSS2010的城市样本，以个体的客观地位为参照对象，用城市居民主观认同减去客观阶层地位值，生成阶层认同偏移变量。阶层认同高于客观阶层地位，则属于“向上偏移”；两者一致表示“一致认同”；阶层认同低于客观阶层地位表示“向下偏移”。研究发现客观阶层地位处于下层和中下层的受访者，他们的阶层地位认同偏移更倾向于“一致认同”或“向上偏移”，进而推出城市居民阶层认同偏移总体呈现向上偏移比重高于一致认同和向下偏移，并且这种偏移具有“趋中性”特性[3]。范晓光和陈云松利用2003—2012年中国综合社会状况调查（CGSS）和中国社会状况综合调查（CSS）的合并数据，采用与仇立平和韩钰一样的方法产生新的变量，称为阶层地位认同偏差，强调客观阶层地位与阶层认同的不一致程度，研究结果表明“城市居民的大多数低估了自己的真实阶层，而多数农村居民则高估了自己的客观阶层。总体上，阶层地位偏差为负，阶层

---

[1] 陈光金．不仅有“相对剥夺”，还有“生存焦虑”——中国主观认同阶层分布十年变迁的实证分析（2001—2011）［J］．黑龙江社会科学，2013（05）：76－88.

[2] 卢福营，张兆曙．客观地位分层与主观地位认同［J］．中国人口科学，2006（03）：38－43.

[3] 韩钰，仇立平．中国城市居民阶层地位认同偏移研究［J］．社会发展研究，2015，2（01）：1－17.

认同低于客观阶层地位"[1]。虽然这些实证研究的数据来源不同，但可以看出阶层认同的分布比较稳定，呈现"趋中"特点。

中间阶层认同的相对缺乏是阶层认同下移的另一面。城市人口中存在对"中间阶层认同"相对缺乏的问题，表现为认同中间层的比例偏少，而中低层认同的比例明显偏高[2][3]。"中层"认同急剧流失，同时急剧增加的是"下层"认同[4]。而从发达国家的经验看，一个稳定的社会不仅表现为多数成员过上了较为富裕的生活，同时还表现为社会中的大多数成员具备了中间以上的阶层意识或阶层认同。

李春玲和周晓红等通过直接对全国或某一地区的客观阶层结构与主观阶层结构的对应比例的比较，认为我国居民中产阶层地位的主观认同基本呈"向上偏移"的现象，即主观认同中产的比重高于职业中产、收入中产、消费中产的比重，但低于达到三个标准的综合客观中产的比重[5]。沈晖从丰富的访谈资料分析中，发现中间层的受访者阶层认同与自我定位的标准有关，出现自我的阶层认同与客观分层之间的不一致。[6] 中间阶层的自我认同有向下倾斜的趋势，而低收入阶层的阶层认同有向上的趋势。

## 四、认同焦虑

在急剧转型的时期，我们经常听到或看到这些抱怨性描述：中年职工奔波在单位和家庭之间，担心抽不出时间接送孩子；青年白领穿行在拥挤的地铁里，发愁买不起房子；大学生害怕毕业后找不

---

[1] 范晓光，陈云松．中国城乡居民的阶层地位认同偏差［J］．社会学研究，2015，30（04）：143－168.

[2] 刘欣．转型期中国大陆城市居民的阶层意识［J］．社会学研究，2001（03）：8－17.

[3] 赵延东．"中间阶层认同"缺乏的成因及后果［J］．浙江社会科学，2005（02）：86－92.

[4] 冯仕政．中国社会转型期的阶级认同与社会稳定——基于中国综合调查的实证研究［J］．黑龙江社会科学，2011（03）：127－133.

[5] 李春玲．当前中国人的社会分层意识［J］．湖南社会科学，2003（05）：76－79.

[6] 沈晖．当代中国中间阶层认同研究［M］．北京：中国大百科全书出版社，2008：58－95.

到满意的工作，甘愿接受“零工资”的试用；老人们念叨退休待遇不能兑现、看病难上加难；公务员抱怨钱包瘪、工作压力大；农民害怕化肥涨价，粮价偏低，凑不齐给儿子的买房钱；私企老板唯恐政策变动，新冠肺炎疫情暴发，眼下的生意不可为继。因为焦虑房贷、车贷、孩子的补习费、老人的住院费，不敢消费，不敢生三胎。社会极速转型、变革，互联网大公司员工的高薪收入让很多从事传统职业的人员望尘莫及，抖音、快手等软件上的网络带货直播带来新的财富快速增收，大批社会成员、社会群体的社会位置和经济位置重新洗牌，带来的就业焦虑、财富焦虑、身份焦虑和买房焦虑等转型期生存焦虑，这种焦虑使得人们有时觉得无章可循。不确定性因素增加，使得社会成员产生一种人生的不确定感，那些客观上已经获得较高社会地位的阶层存在不安全感，无法认同自己的阶层地位，或者“谦虚”地对待已经获得的成功，在这种情况下，人们会倾向于低估自己的社会经济地位。自己阶层认同认为较低，其焦虑也相应较高❶。陈光金认为，转型期生存焦虑可以部分解释民生情势对人们的阶层认同向下偏移的影响❷。

---

❶ 华红琴，翁定军．社会地位、生活境遇与焦虑［J］．社会，2013，33（01）：136－160.

❷ 陈光金．不仅有“相对剥夺”，还有“生存焦虑”——中国主观认同阶层分布十年变迁的实证分析（2001—2011）［J］．黑龙江社会科学，2013（05）：76－88.

# 第三章 理论背景

## 第一节 马克思的理论和韦伯阶级多元维度理论

马克思以经济为基础观察欧洲19世纪资本主义的发展，依据个人与生产方式的关系，将不占有生产资料，以出卖劳动获得维持生计工资的人称为工人，将那些占有生产资料和追逐剩余价值的人称为资本家。在阶层认同的实证研究中，研究者根据马克思的经济基础决定上层建筑的理论观点，假设人们的客观社会经济地位决定和制约着个体的阶层意识，客观经济地位对主观阶层选择起决定作用，人们的职业、收入和教育等直接反映了人们客观经济地位，其指标所取得的客观阶层地位对阶层认同有决定作用，个体的阶层认同是其客观阶层地位的直接反映。研究者将此称为“结构决定论”模型或者说是具有结构主义取向的“静态”模型，赖特等人的研究证实了人们所占有的结构性地位对阶层意识具有解释力[1]，日本学者直井道子曾根据日本阶层意识的经验研究结果指出，拥有富裕的财产和较高的收入会使人容易将自己的地位归于富裕的一类，形成中上或上层的阶层归属意识[2]。国内的研究者通过实证的数据分析和经验研

---

[1] 刘欣．相对剥夺地位与阶层认知［J］．社会学研究，2002（01）：81－90.

[2] 李培林．社会冲突与阶级意识：当代中国社会矛盾研究［J］．社会，2005（01）：7－27.

究也发现个人职业声望、家庭收入水平等个人客观地位特征在阶级阶层意识的统计上存在显著的影响❶。

韦伯在简短论文《阶级、地位和政党》中，从市场的角度定义阶级，认为社会分层包括三个不同的维度。第一个维度是经济上的不平等，主要体现在由市场处境决定的利益，人们占有的财富和收入机会方面的经济利益，韦伯称之为阶级地位，阶级内部不能简单明确地分为几个类别，财产的差别促成了有产者的分化，无产者根据提供劳动的类型和方式加以细分，这样构成一个从高到低的序列。财产所有权并不总是获得地位的资格，也存在例外的情况，有财产的人和相对无财产的人能够同时归属一个地位群体，虽然从长期来看，这种关系不稳定。第二个维度是社会声望或地位，主要体现在由地位处境决定的利益，韦伯采用以“生活方式”和“声誉”为基础进行地位分层，形成多种地位群体，建构地位处境，生活风格在展现地位的“声誉”上起决定性作用。第三个维度是权力，作为获得统治地位的结构性力量，政党生活在权力空间，政党行动的目的是获得权力。

韦伯认为，地位是农业社会以荣誉的方式体现社会差别。工业化的发展消解了以出身为基础的等级制，但是经济上的不平等愈加明显，在工业社会，经济维度上的差别日渐突出。随着官僚国家的发展，特别是社会主义国家，权力拥有者掌控生活中稀有资源成为统治精英，在这样的社会中，权力对分层的影响较大。工业社会所展现的地位一致性比较低，例如地方官员工作中拥有很大的权力，但家庭上只有较少的财富或较低的声望。韦伯从多个维度来描述和分析现代社会的分层标准，没有给出一个明确的阶级等级。韦伯之后的社会学家继承他的阶级多元模型，运用社会经济地位（SES）或职业声望来衡量在多个维度不平等基础之上的社会阶层等级。

---

❶ 卢福营，张兆曙．客观地位分层与主观地位认同［J］．中国人口科学，2006(03)：38－43.

但是学者们建构的“客观”地位与阶层认同存在相当程度的不一致，在很多情况下是现代社会的一种常态，例如，中国阶层认同“趋中性”或“向下偏移”特征是典型。问题的焦点集中在中间阶层认同缺乏或者过度认同，后者发生在日本的阶层认同研究中。西方研究者认为导致这种状况的原因是由于个体的教育程度、收入水平和职业地位之间存在“不一致”，使人们可能身处多重叠加的社会群体之中（这点与韦伯的判断相同），进而导致其阶层地位认同的模糊性[1]。

国内多数学者在做影响阶层认同的客观因素研究时，结合国内发展现状和经验，加入与国家再分配体制相关的单位所有制、户籍等因素，丰富了这一理论。刘欣用经验数据研究发现，声望地位认同中有60%的被访者认同中等偏上，有向上“攀附倾向”，而权力地位认同中66.6%的被访者认为自己是处在中下、下层，产生“权力地位认同的相对剥夺感”[2]。卢汉龙和边燕杰从泽林尼再分配理论出发，研究认为社会主义精英和工作单位是政党国家再分配功能的代理人和再分配的机构，又都有控制功能[3]，官方指定的单位级别对职工的阶层认同有直接与间接的影响。当下的阶层认同是由中央集权的官僚系统产生和再造的，是由党的领导和工作单位起核心作用的社会分层模式造就的。奥索基在其著名的《社会意识中的阶级结构》一书中指出：不同社会类型或不同历史时期，人们对于社会结构的感知、想象和解释是不同的。卢汉龙使用1991年的经验数据才有这样的解释，我国当时处在国家经济体制改革初期。

2000年之后，中国社会高速发展，经济体制改革进入深水区，

---

[1] HODGE ROBERT and DONALD TREIMAN. Class Identification in the United States [J]. American Journal of Sociology, 1968, vol. 73, 535–547.

[2] 刘欣．转型期中国大陆城市居民的阶层意识［J］．社会学研究，2001（03）：8–17.

[3] 边燕杰，卢汉龙．改革与社会经济不平等：上海市民地位观［G］//边燕杰．市场转型与社会分层：美国社会学者分析中国［M］．北京：生活·读书·新知三联书店，2002：509–520.

中间阶层生活质量提高，各种意识形态和价值观在中间阶层中盛行，在转型与断裂的话语下，李培林根据已有的研究经验，认为造成客观阶层地位与主观阶层认同不一致的原因较为复杂，首先，人们“生活方式”上的阶层群体趋同现象越来越弱化，而生活品位上的“个体主义化”倾向越来越强烈；其次，伴随着阶层流动加快，出现了社会身份认同呈现的“断裂”和认同危机，主观的阶层认同并不完全受收入、职业等客观维度不平等的影响；最后，在当前的中国社会中，研究者认为家庭背景对个体社会流动的影响增大，社会客观阶层结构呈现相对固化的趋势，这与主观阶层意识的碎片化趋势同时发生。[1] 高勇通过纵贯性数据分析认为，国内阶层认同下移的原因是“阶层地位认同的基础‘参照系’从单位类型等共同体归属转换为个体对于市场机遇的占有（如收入）”。阶层地位认同只有建立在共同体或阶层等社会归属的基础上，才能避免碎片化甚至下沉的命运。[2]

## 第二节　消费的符号象征性

在符号互动论中，米德使用核心概念“自我”，认为“自我”产生于人与人之间的社会互动。人们在表述自我的时候，分为主我“I”和客我“me”。二者是“自我”的两个部分，主我“I”是有自我意识的思考着、行动着的主体，宾语“me”是从他人的角度来对待的自我，主我“I”思考客体性的自我，是在其他时间与地点想到的自我，侧重人的社会方面，人不仅能认识外在的客体，也能将自己当作客体看待，站在他者的位置对自我进行凝视，与自己发生社会互动。在主我“I ”和宾我“me”之间内在的互动是“自我”与

---

[1] 李培林．社会冲突与阶级意识：当代中国社会矛盾研究［J］．社会，2005（01）：7－27.

[2] 高勇．地位层级认同为何下移　兼论地位层级认同基础的转变［J］．社会，2013，33（04）：83－102.

他人互动的一种替换形式，个人的要求与行动和社会角色期待进行了协调。人们在对自我地位评价时会把客我“me”考虑进去，从他者的角度审视自己的地位。类似于库利（Cooley）的镜中我理论表达，即在自我认知中，不仅要考虑我们认为他人如何想，还参考我们认为他人会怎样思考我们的想法。个体在选择自身所处的社会阶层地位时，会考虑他者的评价。邦迪亚克牌汽车广告语“坐在里面是件美事，被人们看见坐在其中更是快事”，个人对自身社会地位的认同也是在与他人的互动中形成的，他人的评价、态度等像一面镜子映射自我，个体在照“镜子”中认识和修正自我，汽车的社会地位的符号象征性影响着他者对自身阶层地位的评判，个体在划分自己所属的阶层等级类别时，会把他者的观点考虑进去。

作为米德的学生，布鲁默（H. Blumer）继承了米德的学术思想，认为客观的现实性对人的自我审视有重要作用，但是人不是客观结构决定的产物，人对日常生活所作的主观解释在互动中占有重要地位，个体不是被动地、简单地对约束他们生活的既定客观事实的解释照单全收，人也会将在互动中得到的意义解释运用于客体[1]。从这个角度看，“自我”包含对社会结构和社会秩序的外显客观现实的内化或反思，“自我”也是对“概化他人”或生活环境中习惯的内化。它是“客体的我”和“主体的我”的统一，处在社会互动中的个体要学会理解日常生活中通用的符号。

消费的符号象征性的理论可以追溯至凡勃伦在《有闲阶级论》中“炫耀性消费”的阐释，他重点讨论了人们在一个连续的含有特权等级次序的制度上，透过“有闲阶级”的生活方式与消费文化类型进行“评估”自己在社会中的位置。底层群体消费的主要目的是生存和家庭的再生产，上层群体的炫耀性消费是为了展示财富数量和社会等级特权地位。消费品作为自身支付能力的证明的表征，由

[1] HERBERT BLUMER. Symbolic Interactionism: Perspective and Method [M]. Berkeley and Los Angeles: University of California Press, 1986: 14.

此连接的消费荣誉性象征成为个体与他者之间歧视性比较的方式[1]，炫耀性消费本身就是一种明显的象征性消费，向其他人炫耀自己的财力、身份和所处的社会等级地位以及此种地位所附带的声望和荣誉，向他人展示社会优越感。金钱竞赛和炫耀性消费成为主体间社会阶级地位竞争的手段。而与注重生产的传统社会不同，中产阶层群体渐渐成为现代消费社会以炫耀性消费为手段进行社会比较的主体，有一些群体通过西方奢侈品牌构建自己的生活品质象征符号。

## 一、鲍德里亚消费品的符号

法国社会理论家鲍德里亚对西方发达地区的政治、经济和文化的诸多变化以“消费社会”概括之，并进一步提出“模拟社会”的想法，为阐释由“二战”后商品消费、广告展示和媒介的使用而连接起来的日常生活和生活秩序提供了崭新的视角。鲍德里亚对消费的符号研究深受索绪尔和罗兰·巴特的启发和影响。索绪尔认为符号是能指和所指相互连接产生的整体，能指是指印象、形象，所指是概念或意义。罗兰·巴特把消费文化引入食品、摄影、时装等日常生活中，并进行符号学解释，在鲍德里亚看来，任何一种消费品都能成为一种符号、一种语言。

与前工业社会相比，在消费社会中大众商品极大丰富的情境下，“物”的存在方式和功能发生诸多变化，使用价值的重要性在降低。商品成为索绪尔意义上的符号，不仅包含有使用价值和交换价值，还有符号价值，“财富和产品的生理功能和生理经济系统（这是需求和生存的生理层次）被符号社会学系统（消费的本来层次）所取代”[2]。对商品的消费，也包含对符号的消费，商品符号背后隐含着

[1] ［美］凡勃伦．有闲阶级论［M］．李华夏，译．北京：中央编译出版社，2012：120.

[2] ［法］让·波德里亚．消费社会［M］．刘成富，全志钢，译．南京：南京大学出版社，2000：71.

社会等级。单个的“物”在生活中必不可少，但把“物”引入到人的生活和社会交往的人际关系系统中，必须考虑将“物”与个人的居住环境、社会关系、职业经历、社会地位、教育程度等联系起来才有社会学上讨论的意义，那么“物”变成“符号系统”，商品的符号价值成为消费社会研究的重要概念。

我们生活在一个区分性社会，商品附加的文化价值是建立在社会差异的基础之上的，符号的差异构成了商品独有的特性，使得它们与同类商品区分开来。例如，优衣库的衣服面料、风格偏向舒服和休闲，而CK的衣服偏向职业和通勤。广告的功能之一就是强化差异，通过强调商品的独特性，赋予商品更多的文化或价值观。商品也经常以明显差别的形式被大众消费，消费品已经成为一种分类体系。一件毛呢大衣、一辆汽车、一部手机，“我”消费什么样的品牌，体现了“我”对自己社会地位的评价和定位，以及对社会角色的认知。个体通过消费和展示得到社会声望和社会地位。消费品的这种彰显社会等级的功能使得消费实践成为社会秩序和社会结构变迁及其内在的区分性的主要基础。从社会区分的逻辑出发，消费品的符号特征使得消费实践具有工具策略的性质，鲍德里亚认为人们对消费品本身的使用价值的消费在减弱，人们把物当作突出自身地位的符号，以便获取更高的社会声望和地位，能够脱离本来的团体，流向更高层次的团体。[1] 这种区分的逻辑在大众媒体上或广告中以较为弥散的、模糊的方式通过对生活图景的想象体现出来，“广告从不与单个人进行对话，而是在社会阶层区分性的关系中瞄准他，好似要捕获其‘深层’的动机”[2]。消费的符号象征性特征使得消费成为社会分层的一个重要维度。

符码（code）是鲍德里亚消费社会分析的一个重要概念，是将

---

[1] [法] 让·波德里亚．消费社会 [M]．刘成富，全志钢，译．南京：南京大学出版社，2000：48.

[2] [法] 让·波德里亚．消费社会 [M]．刘成富，全志钢，译．南京：南京大学出版社，2000：51－58.

理解符号何以彼此相关组成信息的规则系统。符码是一种符号系统，因为符码的存在，人们才可以对符号蕴含的社会意义产生相似的理解。在日常生活中，每个人依据这样的“物品话语”思考，理解和“阅读”消费物品的符号意义，消费行为被看作沟通和交换的系统，是被持续发送、接收并重新创造的符号编码，是一种语言❶。鲍德里亚将消费品的符号系统和以广告传媒为基础的沟通系统看成一种正在建构的“意义符码”。消费者购买的服装、汽车、旅游以及首饰品等也都在力求寻找自己的独特的个性，追求“个性化消费”，虽然在消费实践过程中这些差异表面上把人们区分开来，但是从潜在的分层次序和归类中，消费者的个体需求标准以某种抽象的范例或某种时尚组合形象被参照，消费者以此参照确认自己的身份地位，根据向往阶层的符码表征划分的某些普遍标准，以集体语境为索引，在自我独特性的行为本身中模仿和寻找雷同，因此，研究者应该把从个性符号之下体验的独特性置于编码符号之下的区分系统和个性化逻辑中。❷ 个性消费的面纱掩盖着作为区分符号的工业化和商业化的差异形式，以及资本主义大工业生产对差异的垄断和集中。个性化消费只是在全社会大编码系统下的仅有的有限表达。

消费文化遵循的是日常生活和商品的符号化原则，消费文化作为一种新的社会规训，对个体的消费行为选择和群体资格认同实践着符号化与规约化，依仗市场法则控制着社会的整体语境，约束着个体消费者的消费选择和意义的阐释。“消费社会也是进行消费培训、进行面向消费的社会驯化的社会——也就是与新型生产力的出现以及一种生产力高度发达的经济体系的垄断性调整相适应的一种新的特定社会化模式”❸。消费社会的世界里充斥着符号，人们通过

---

❶ ［法］让·波德里亚．消费社会［M］．刘成富，全志钢，译．南京：南京大学出版社，2000：88.

❷ ［法］让·波德里亚．消费社会［M］．刘成富，全志钢，译．南京：南京大学出版社，2000：87.

❸ ［法］让·波德里亚．消费社会［M］．刘成富，全志钢，译．南京：南京大学出版社，2000：73.

消费物品的符号来获得地位的认同。人们常说的“奢侈品”“轻奢”“中档”，表面是物的分类，其实是人的社会地位及人际关系。凡勃伦的炫耀性消费分析为我们提供了一个社会上层群体象征性消费与社会地位关系的经典案例。鲍德里亚认为马克思关于传统商品拜物教已经式微，资本主义的合法性由占有生产方式转向对符号价值和象征意义的占有，与过去相比，这是一种对社会更加精细的控制方式。

把消费的社会逻辑和工业社会的生产逻辑区分开来，消费系统建立在对物质的需要和消费的使用价值的迫切需求之上，这只是消费实践的前提，区分不同群体间在社会声望和阶层等级地位上的差异，人际关系也受物品消费的影响，一次单独的消费并非是独立的，因为社会层面符码的存在，我们向他人传达许多隐含的信息。例如，女性逛街涉及和谁一起逛街，去什么商场，看什么品牌，买什么价位的东西，准备搭配什么，是偏向休闲的还是偏向通勤的，准备在什么场合穿，想在他人面前展示什么形象，等等，在评判消费品时，“高端、大气、上档次”，“低调、奢华、有内涵”，成为年轻人消费品评价的口头标准。从这些选择偏好，可以判别个体是属于哪个层次的群体，消费者不由自主相互联系在一起，消费品可以像语言一样沟通，建立意义秩序。

消费表面上看，虽然是由个人的需求引起的，但是消费的社会逻辑却比个人的需求复杂得多。自工业革命和 19 世纪资产阶级的民主革命以来，有关幸福和平等的神话是消费社会生长的社会逻辑。鲍德里亚说道：“幸福要成为平等的神话媒介那它就得是可测之物，必须是物、符号、‘舒适’，能够测得出来的福利。”[1]“民主原则便由真实的平等如能力、责任、社会机遇、幸福（该术语的全部意义）的平等转变成了在物以及社会成就和幸福的其他明显标志面前的平

---

[1] ［法］让·波德里亚．消费社会［M］．刘成富，全志钢，译．南京：南京大学出版社，2000：34.

等。这就是地位民主，电视、汽车和音响的民主，表面上具体而实际上又十分形式的民主”[1]。形式上的民主掩盖了难以实现的实质民主和不平等。

消费的符号化操作遵循区分或差异的逻辑，在近几年，国内中产阶层群体到海外购物并疯狂扫货的现象中体现得比较明显，消费者把西方的物品作为一种“阶层符号”，借用国外的品牌展示自己的社会地位、经济综合实力和文化品位。这种以消费实践代替血统、出身和城乡等级制度作为个人的地位标识，反映了社会评价观念的转变和进步，但是，社会的不平等在消费社会并没有减弱或者趋向同质化，而是发生了转移，消费物品的增长带来的是经济利益回报和更深层次的社会分化。例如，人们在孩子教育上的消费差异加深教育不公平的鸿沟。在消费品的使用价值面前人人都有形式上的平等，但在消费的符号和差异面前，那些已经等级化的意义难有实质的平等[2]，消费并没有减少社会的不平等性，就像学校无法提供平等的受教育机会，它甚至扩大了社会的不平等与分化。[3]

商品到底是如何实现符号化使得其含有文化意义？麦克拉肯提出“意义转移”的解释，他认为商品的文化意义是从我们生活的文化中“转移”而来的，广告是“意义转移”的手段之一[1]。广告的宣传使得消费品具有特殊的文化的象征符号，或者暗示消费者联想到商品的特殊文化意义，广告要在消费品的符号秩序和文化的意义之间找到某种结合点。广告间接告诉消费者，拥有了某种商品，就会拥有某种价值观。例如，耐克鞋子的价值观“Just do it”。不乏有

---

[1] ［法］让·波德里亚．消费社会［M］．刘成富，全志钢，译．南京：南京大学出版社，2000：34.

[2] ［法］让·波德里亚．消费社会［M］．刘成富，全志钢，译．南京：南京大学出版社，2000：85.

[3] ［法］让·波德里亚．消费社会［M］．刘成富，全志钢，译．南京：南京大学出版社，2000：45.

[1] MCCRACKEN，GRANT. Culture and Consumption：New Approaches to the Symbolic Character Goods and Activities ［M］. Bloomington and Indianapolis：Indiana University Press，1988：71－72.

些消费者是因为信奉这种生活态度，为了警醒自己，而买耐克鞋。

所有的商品都具有符号特征，符号体现某种社会意义和社会价值规范，符号与符号之间以及符号与意义之间的关联是有序的，服从一定的规则和编码，可以说，符号系统不是个人偶然发明的，是集体选择的结果，支配于深层结构，这中间的有序联系可以称为象征秩序❶，象征秩序从形成的角度看，也可称为文化秩序。因此，鲍德里亚的消费符号特征对消费文化的研究影响深远。英国学者迈克·费瑟斯通在《消费文化与后现代主义》一书中，认为消费品的符号特征对理解当代消费社会文化具有核心意义，存在双重含义：首先，从经济的文化方面来说，物质产品的使用与符号特征，不仅体现使用价值，还充当了“沟通者”的角色；其次，从文化商品的经济维度看，文化产品与消费品的供给、需求、竞争及垄断等原则共同运作于日常生活方式领域。❷

## 二、布迪厄的品位

相比较于凡勃伦的炫耀性消费，布迪厄的品位研究扩大了象征消费的内涵和外延。他认为不仅人们的经济资本决定着个人的社会地位，文化资本也对社会地位有决定作用，那些占有较多经济资本而文化资本匮乏的人往往被看作举止粗俗的暴发户。布迪厄在个体的场域、家庭背景下研究文化资本，强调文化资本同身体的关系，在文化资本的身体化形式中，经由家庭教育和学校教育存于个体身体内的文化知识、文化素养等，文化资本储存在身体习惯中，并由身体表现出来，包括姿势、交往行为、举止言表等形式表现，这需要长时间的积累，这些和自身的身体结合在一起，不能转让给他人，家庭在文化资本的身体化过程中起基础作用。个体的经验活动能够

❶ 王宁．消费社会学［M］．2版．北京：社会科学文献出版社，2011：106.

❷［英］迈克·费瑟斯通．消费文化与后现代主义［M］．刘精明，译．南京：译林出版社，2000：123.

直观表现出个体的文化资本状态。客观化的文化资本主要是指文化商品，如古董。制度化的文化资本是经由制度认证的文化资本，表现为毕业证书、职称证明等，由于具有可比较性和标准性，在特定的场域下，可以间接地转化为经济资本。

习性是外在的阶级/阶层条件内化到人的身体上和心理中而产生的倾向系统，由其作用的实践活动能够客观地符合自身的意图。[1] 在消费实践和文化活动中，“习性”体现为生活风格和品位。消费是一种表现性实践，包含了个性、自我表达及生活品位，一个人的身体、服饰、谈吐、闲暇时间的安排、饮食的偏好、家居、汽车、假日的选择等都是消费者的品位与风格的认知指标，展现出个人特有的阶级或阶层的生活风格和品位，构成了生活中社会地位区分的符号和象征。

品位，据有（象征性地或实证性地）某一阶级（或阶层）分类的物品或行为的能力和偏好，是生活方式的有效尺度，体现在每个细小的象征性方面，诸如家具、房屋、美酒、香水或身体姿势等具备的表达同一意图的统一特有的偏好。生活方式的每个方面都相互匹配，无须刻意地追求整齐划一，就像一个人的笔迹，无论使用钢笔、水彩笔、铅笔，无论写什么字都可以体现出一个人的笔迹规律，就像生活中靠着一个人走路的姿势来识别一个人一样。布迪厄在书中举一个老木匠的生活方式和世界观的例子，老木匠工作中那种倾注在工艺作品中的细心和耐心等优秀品质以及审美观，也体现在对生活中管理开支、时间或身体的姿势的控制上，以及对语言的使用和对衣服的偏好选择上。[2]

在布迪厄的《区隔》中，品位是西方资产阶级的生活用语，有着对奢侈品的偏好和对生活必需品的选择对立。对必需品的选择，是存在于人的身体记忆中并维持基本生存的固有基础。例如，在西

---

[1] ［法］皮埃尔·布迪厄．实践感［M］．蒋梓骅，等译．南京：译林出版社，2003：80.

[2] 布迪厄．差别：关于品位鉴赏的社会批判［G］//［美］戴维·格伦斯基．社会分层［M］．王俊，等译．2 版．北京：华夏出版社，2005：439.

方的社会生活中，在食品的选择上，最粗俗的食品和最油腻的食物总是与低收入的工人阶层的肥胖、粗壮和呆滞而受到的歧视联系在一起。布迪厄比较了教师（高中和初中）、专业人员和制造业、企业主三者在食品类、表现类（包括衣服、梳妆、家政服务等）和文化类（书籍、音乐、娱乐等）的花费差别和选择偏好差异[1]，试图勾勒出品位在不同场域的体现。文化实践，诸如参观博物馆，听音乐会，读书，以及生活方式与消费偏好，包括食物、衣着、汽车、杂志、假日、嗜好、运动、闲暇追求等看似分裂的、不连续的生活事情都有品位的主宰，品位是独有特征的系统源泉，分配独特象征符号与位置的关系，这又被当作特定阶级（或阶层）生存状况的系统表达[2]。在中国当下的现实生活中，用西方奢侈品牌构建有品质的生活，参加健身、健康俱乐部，去电影院看电影，购买品牌化妆品，希望旅行看世界，经常去餐厅吃饭等这些都体现了中产阶层中年轻人的品位。

文化商品中蕴含的品位是一种阶级标志，品位使人得以区分[3]，品位能够在不同群体使用文化商品或服务的比较中被充分地“解读”、辨认和在阶级（或阶层）结构图中明显地标识出来。社会阶级或阶层的区分不仅在于拥有财产的多寡，而且在于生活品位。以群体所拥有的（经济的与文化的）资本构成与数量为基础性结构原则，形成了阶级的或职业的结构图示。[4] 在法国，占有较多经济资本的企业家对外国汽车、拍卖会、商务宴请等有较高的兴趣。占有较多文化资本的人（艺术家、教师）的品位主要展现在节日、国际象

---

[1] 布迪厄．差别：关于品位鉴赏的社会批判［G］//［美］戴维·格伦斯基．社会分层［M］．王俊，等译．2版．北京：华夏出版社，2005：444－449.

[2] 布迪厄．差别：关于品位鉴赏的社会批判［G］//［美］戴维·格伦斯基．社会分层［M］．王俊，等译．2版．北京：华夏出版社，2005：440.

[3] BOURDIEU，P. Distinction：A Social Critique of the Judgement of Taste［M］. R. Nice. London：Routledge & Kegan Paul，1984：4.

[4] ［英］迈克·费瑟斯通．消费文化与后现代主义［M］．刘精明，译．南京：译林出版社，2000：128.

棋、巴赫音乐会等活动中。经济资本和文化资本占有均较少的人（工人）则以足球、普通红酒、看体育比赛等为生活的品位。❶ 再诸如，工人阶级（或阶层）不像中产阶级（或阶层）无论在衣服的款式、剪裁还是化妆品的选择上那样重视自己的外在形象。中产阶级（或阶层）妇女与工人阶级（阶层）妇女同样会对自己的身材产生不满，她们更加清晰地意识到较好的容貌在择偶、工作和生活中的好处，因此在饮食、运动上都投入较多的时间、精力和金钱，甚至做整容手术来提高自己的身材和容貌。至于处在社会特权阶级（或阶层）的妇女除了重视容貌和身材外，还在艺术、修饰审美价值上和文化上规训自己。❷ 品位可以说是阶级（或阶层）消费选择和文化倾向的系统选择的源泉，不同地区、职业和性别的群体通过消费品位来展示社会认同，标识自己的社会地位区分。从这个角度看，消费既是“物”的实践，同时，也是文化的实践表现，含有象征性和表现性。

费瑟斯通认为，布迪厄对品位的描述分析只是静态的考察，从而遮掩与场域相关联的动力机制。当下层群体向上层群体的品位提出挑战或予以篡夺，从而引起上层群体通过采用新的品位、重新建立和维持原有的距离来作出回应，新的品位就被引介到场域中。❸ 例如，在中国，把相对平价的国内品牌“回力”运动鞋引入到定位高端奢侈品的鞋子高消费商场，必然让上层消费者觉得这个鞋子品牌与商场的定位格格不入，驱使他们寻找更为时尚的鞋子。当稀有商品或限制性商品向更广泛的人群促销或推向低层次的市场，从而引起社会族群争先恐后地去佩戴社会认可的明显的地位标志之时，这

---

❶ BOURDIEU, P. Distinction: A Social Critique of the Judgement of Taste [M]. R. Nice. London: Routledge & Kegan Paul, 1984: 125－129.

❷ 布迪厄．差别：关于品位鉴赏的社会批判［G］//［美］戴维·格伦斯基．社会分层［M］．王俊，等译．2版．北京：华夏出版社，2005：453.

❸ ［英］迈克·费瑟斯通．消费文化与后现代主义［M］．刘精明，译．南京：译林出版社，2000：129.

种商品的消费文化就会面临通货膨胀而趋向贬值❶。诸如，知名鞋子品牌“new balance”在2012年之前被称为“总统鞋”，价格定位在700元以上，受中等收入年轻群体推崇，随着销量增加，价格下降，中下收入群体同样有能力购买，渐渐失去在中等收入群体的地位和吸引力。此观点雷同于布迪厄在《区隔》中强调研究结构性的社会空间中所进行的生活方式品位的生产，认为在具体的场域中，各种群体、阶级（或阶层）成员为方便他们为所谓的独特品位进行合法化争斗、竞争，从而对这个具体的社会场域加以命名与再命名、分类与再分类，进行着秩序解构与重建。

品位等级背后是经济资本与文化资本的双重运作，文化资本具有自己的、独立于经济资本的价值结构。知识分子能够在有品位与无品位之间、纯粹审美与庸俗观赏之间做出区分、判断，并赋予等级序列，他们在文化领域确实处于定义合法品位的垄断地位，运用符号象征系统的逻辑，在阶级之间以及阶级成员之间创立有利于加强业已确立相互关系的区隔。资产阶级所要维持的是经济资本的高阶特权，当经济资本转换为文化资本时，能享有很高的转换率。知识分子总是在追求文化领域的自主增长的同时，力拒文化民主化运动减少文化资本稀缺性的趋向，使得符号产品拥有与经济产品相同的特权。❷

“惯习”是布迪厄提出的重要概念，是个体对自己在文化产品与实践（食品、嗜好、艺术、假日等）方面品位是否得体的有效证据，使得品位在不同消费领域中都会有格调一致的表现方式❸，基于惯习，消费者能够以他所主张的品位去诠释商品，比较商品的用处和价格，赋予商品他所偏爱的符号意义，让它拥有特别的象征力量。

❶ ［英］迈克·费瑟斯通．消费文化与后现代主义［M］．刘精明，译．南京：译林出版社，2000：129－130.

❷ ［英］迈克·费瑟斯通．消费文化与后现代主义［M］．刘精明，译．南京：译林出版社，2000：130－131.

❸ 彭华民．消费社会学新论［M］．北京：北京师范大学出版社，2011：44.

“惯习”也有助于我们去勾勒那些决定分层品位特征的一系列秉性，每个阶层群体成员都有不同的惯习，在各自活动的场域被标识出来并赋予象征意义，构建象征秩序。



## 第三节 参考框架群体理论与相对剥夺感

在《美国士兵》一书中，为对美国士兵的不满情绪进行解释，相对剥夺概念被用作一个解释性中间变量，一个临时性的事后解释概念，强调相对剥夺的“剥夺”二字，服兵役对士兵来说意味着个体必然会相对地错过其他的社会发展机会，士兵对服兵役有较为敏感的生活剥夺感，用这个概念的目的是帮助解释那些处于不同社会阶层的士兵所表现出来的不满态度的差异。默顿在《社会理论和社会结构》一书中把这个概念与更高层次的社会理论联系起来，强调相对剥夺的“相对”二字，把它作为参考框架群体理论中一个特殊概念，有助于探究自我评价的比较标准，用《美国士兵》一书中的分析和资料作为素材从参照群体的角度提出多条命题。

默顿总结对士兵不满态度的比较基础范畴得出的参考框架分为三类。第一类是士兵同那些生活中有实际交往并有稳定社会关系的人作比较，例如同“朋友”“熟人”比较。第二类是处于同等社会地位或同一个社会范畴的个体，二者之间并不一定有直接的生活交往，例如有一个上尉将升职机会与其他上尉比较。第三类是处在不同社会地位或社会范畴中的人之间的比较基础，例如，普通士兵与军官的比较、不同地域士兵间的比较。[1] 在参考群体的选择上并非仅仅简单归属上述三种类型的某一类，往往是这三种类型的某种组合，将处于相同地位直接的、稳定的社会关系和类似处境的亲戚、熟人作为比较参照的基础，亲戚、朋友和熟人构成内群体。在生活中，

[1] ［美］罗伯特·K. 默顿. 社会理论和社会结构［M］. 唐少杰，齐心，等译. 南京：译林出版社，2008：337-338.

毫无疑问，自己的社会经济地位是选择朋友的决定变量，对朋友的社会阶层地位的评估与朋友圈的阶层地位评估标准相一致[1]。人们往往在一个其所处的内群体社会参考框架比较中形成自我评价和态度，个人所隶属的内群体构成自我评价的参考，这种观点在米德的著作中也有所体现。在某些重要社会范畴方面相似，而在其他方面不同的没有稳定社会关系的个体，在比较时被归入外群体。人们在形塑自我各种态度、行为时，也常常以外群体为参照取向，内群体与外群体都是社会参考框架。但是个人通过什么样的社会范畴和价值规范将自己与外群体联系起来呢？英文中有“Keep up with the Joneses”，意思是“向琼斯家看齐”。那么参考群体琼斯家是谁呢，可能是朋友、同事，邻居，或者不认识的外群体的人。戴维斯（Davis）认为，个体相对剥夺感产生的决定条件是：看到与自己相似的其他人拥有 X、想得到 X、并感到有权利拥有 X[2]。这就要进一步涉及参考群体框架理论的一般意义的问题：在什么情况下，内群体中的个人是自我的态度形成的有意义的参照群体；在什么情况下，某些外群体才成为参考框架？[3]

基于特定的社会制度化的标定，个体在出生时被赋予多重群体资格，在此后的生命历程中能动地参与建构群体归属和越阶。无论是基于先赋的品质还是后致的特征，人的社会存在在生命历程中被归为不同的群体，产生了不同的社会分类属性和社会分类边界，个体隶属于多个内群体，被他者社会范畴化，获得多元群体资格[4]。除此之外，社会转型的过程对社会成员来说，丰富了多种与转型相关的群体认同资格。根据特定的类别或等级属性，通过去“个性化”

---

[1] SEGAL, D. SEGAL, M. and KNOKE, D. Status Inconsistency and Self - Evaluation [J]. Sociometry, 1970, Vol. 33, 347 - 357.

[2] DAVIS, J. A. A formal interpretation of the theory of relative deprivation [J]. Sociometry, 1959, Vol. 22, 280 - 296.

[3] ［美］罗伯特·K. 默顿．社会理论和社会结构［M］．唐少杰，齐心，等译．南京：译林出版社，2008：338 - 340.

[4] 方文．转型心理学：以群体资格为中心［J］．中国社会科学，2008（04）：137 - 147.

实现，使得独立的个体变为群体成员。❶ 人们在选择参照群体比较时，除了现实中既定的阶层客观结构束缚，也受日常生活中对标准的主观解释的意义所影响，只有某些社会范畴在个体看来是有重要作用的，是重点考虑的对象，并且对群体的其他人来说，这些社会范畴也同样有意义，即作为社会纽带将具有社会范畴的个体聚拢在一起。然而，社会范畴意义的获得是通过人们围绕此事物进行沟通和讨论，是在特定时间和情境下，主体和客体以及主体和主体之间沟通与互相作用的产物，以想象或符号的方式通过现代大众媒介手段或人际沟通形成对于此社会范畴的当下的社会表征意义。社会意义和社会共识就是通过主体间的互动而逐渐实现的，沟通帮助创造新的社会事实，有助于调整事件对社会或个体的意义，重构甚至建构社会共识，人也会将在互动中得到的意义解释运用于客体，这是社会表征欲意发掘的动态过程。

周雪光在研究职业声望时提出了制度主义逻辑的解释框架，他将社会声望的获得拆解为两个过程：分化和内化的过程。他预设了社会存在一种“制度秩序”，那些越有可能宣称自己的“合法性和有效性”的职业，越跟社会接受的价值观和信仰相一致，越容易被社会制度秩序所容纳，从而获得一种较高的职业声望排序。在现代社会，这种“合法性和有效性”宣称，越来越建立在对于抽象的“自然和理性”基础之上，而内化的过程可以解释为被“社会秩序”的接纳程度（即对于社会秩序的认可程度）不同的人，对于不同的职业声望评价会有明显的不同。联想到阶层认同影响因素的分析，主观阶层认同的变化是社会阶层结构变化在社会心态上的彰显，弥散在社会变迁过程中的社会共识和社会价值观的变化同样影响个体的阶层认同，宏观的社会心态影响社会群体各个类别的选择❷。从制

❶ 杨宜音．个体与宏观社会的心理关系：社会心态概念的界定［J］．社会学研究，2006（04）：117－131.

❷ 杨宜音．个体与宏观社会的心理关系：社会心态概念的界定［J］．社会学研究，2006（04）：117－131.

度主义逻辑的角度看社会范畴，某一社会范畴成为许多人共同持有的参考框架，这部分人多到完全可以定义该范畴的情境特征。再者，这些参考框架之所以称为共同框架，是因为它们被社会结构模式化，它们与现存的社会制度秩序相一致，又符合人们目前的工业社会理性价值，获得了合法性与有效性，人们的生活世界也在不自觉地运用这些社会范畴。参考背景只有在许多人共同认同并足以导致群体评价差别时才具有意义❶。刘欣通过教育水平、年龄、单位类型、行业、收入等六个具有社会范畴的维度分出六个群体，研究认为阶层认知的相对剥夺命题，在拟合中国转型期的经验资料上更为合适，这一结论也被多位研究者证实❷，马克思与韦伯所强调的收入水平、生活风格、权力，以及鲍德里亚与布迪厄所强调的重要消费（服饰、自有住房、汽车）的表征性等成为人们生活中自我评价与评价他人的重要社会范畴。

由上述可以看出，人们选择比较的参考群体在不同的社会情境结构下，是被社会客观结构和价值规范所约束的，而不是泛化的他者，正因为如此，普通人很少选择处在资本金字塔顶尖的资本占有者作为自身的参考对象，而是选择与内群体中有共同参考背景或某一个社会范畴参照点相关的群体。个体在阶层认同的归属选择时为何选择其中一些群体而不是另外一些群体参考社会情境结构？多重参考群体常常会产生相悖的或者相互支持的阶层认同选择。例如，一些刚刚参加工作的博士毕业生觉得自己经过多年的专业训练，在教育上属于社会上层，在收入上属于社会底层，在与多重参考群体的比较中，教育所获得的满足感被收入、住房等方面的强烈不满足感稀释和抵消，认为自己生活在社会中下层，这是他们对于自己相互抵触的社会情境结构比较的综合评价。生活中，“我们生活很糟糕，但有的人比我们更糟糕”，这种参照社会情境结构的比较描述了

❶ ［美］罗伯特·K. 默顿. 社会理论和社会结构［M］. 唐少杰，齐心，等译. 南京：译林出版社，2008：339－341.

❷ 刘欣. 相对剥夺地位与阶层认知［J］. 社会学研究，2002（01）：81－90.

那些想调整自己的状态来寻求生活的平衡比较基础。阶层认同作为一种社会经济地位体验所映射的心理体验具有复杂性和模糊性，它不是选择某个维度最高的来认定自己的阶层地位，而是多个因素的平均，个人会对不同的地位影响因素给予权重，然后平均一个自己接受的阶层地位。[1]

为了比较，必须找出参考群体间某些因素的相似性，或者是最低限度的相似点，为寻到哪些因素影响个体选择参考群体提供线索。在内群体中，有些地位上的相似之处构成参考群体选择的特殊基础，外群体也在某些社会范畴上存在相似之处。个人因其所处的情境和社会圈子可以选择与各种各样的人相比，每个个体会选择其专有的参考群体和比较背景，具有鲜明的个人色彩，所选的社会范畴也五花八门。社会学家难以都对其作深入的探讨，这并非出于缺乏洞察力或者工作懈怠，而是由于许多参考群体和社会范畴具有特异性[2]，但人们日常比较中较少会选择特异性较强的人群。例如，工作创造性较强的艺术家、电影中经常出现的明星、收入较高的著名企业家、各个地区的政府主要领导人，他们因其自身的特异性而无法成为普通居民的共同参考背景。有研究者认为阶层认同作为一种自我评价是受访者对自我阶层归属的直接回答，由于每个人所选的参照群体、社会范畴的特异性带来的人际不可比性，认为这种对阶层认同的直接测量存在一定的误差，有可能会带来有偏差的结论，从而采用“虚拟情境锚定法”。[3] 使用此方法是解决阶层认同人际不可比的较好尝试，但依然存在被访者的文化认知、年龄、相对收入等诸多因素难以完全解决自我评价的人际不可比问题。

个体的生活总是嵌入到具体的各种各样的社会关系中，个体在

[1] SEGAL, D. SEGAL, M. and KNOKE, D. Status Inconsistency and Self - Evaluation [J]. Sociometry, 1970, Vol. 33, 347 - 357.

[2] ［美］罗伯特·K. 默顿. 社会理论和社会结构［M］. 唐少杰，齐心，等译. 南京：译林出版社，2008：351.

[3] 宋庆宇，乔天宇. 中国民众主观社会地位的地域差异：基于对 CFPS2012 成人问卷数据的“虚拟情境锚定法”分析［J］. 社会，2017，37（06）：216 - 242.

特定场域的位置中根据资本的变化、博弈对象的变化来判断自身的角色和交往模式，反思自我，阶层认同与其社会结构中的位置、社会交往关系、参考群体密切相关。关注个体与参考群体的比较有一定的社会意义。马克思在《哲学的贫困》设置的情境是："一座小房子不管怎样小，在周围的房屋都是这样小的时候，它是能满足社会对住房的需求的。但是，一旦在这座小房子近旁耸立起一座宫殿，这小房子就缩成可怜的茅舍模样了。这时，狭小的房子证明它的居住者不能讲究或只能有很低的要求；并且，不管小房子的规模怎样随着文明的进步而扩大起来，只要近旁的宫殿以同样的或更大的程度扩大起来，那座较小的房子的居住者就会在那四壁之内越发觉得不舒适，越发不满，越发感到受压抑。"[1] 在不同的社会结构情境中，个体以以己为中心与选择的参考群体进行比较作为自身评价判断的依据，个体的相对物质占有不同于绝对的物质占有，人们对生活的感受由于与周围参考群体的比较而有正向或逆向的改变，相对剥夺感就是在个体与他人的比较后对自身利益与社会地位的感受。当以住宫殿的邻居作为参考群体时，这种不满情绪体验使得阶层认同越低。住房问题、居住区区隔和社会分层有密切的关联，尤其是现在房价飙涨的时期，无论在大都市还是在小城镇，住房都是居民阶层认同的重要参照物[2]。

---

❶ 马克思，恩格斯．马克思恩格斯选集（第1卷）［M］．北京：人民出版社，1972：367.

❷ 张文宏，刘琳．住房问题与阶层认同研究［J］．江海学刊，2013（04）：91－100.

# 第四章 生成性因素与表征性因素

## 第一节 生成性因素

大多数传统的关于阶层认同影响因素的研究基本上隐含这样一个基本假设，即：个体的客观社会经济地位决定并约束着主观阶层认同，这种具有结构主义取向的“结构决定论”模型，在研究思路上受马克思唯物主义的物质决定论的影响，强调客观社会经济地位是阶层认同的主要根源。

但是在国内外的实证研究中，研究者发现由收入、职业地位和教育水平建构的客观社会经济地位对阶层认同的解释力不强，引出客观阶层地位与阶层认同不一致的问题。研究者在对美国社会阶层认同影响因素的分析中，发现家庭收入、教育和职业对阶层认同有显著影响，其中职业是最主要的因素，但是它们只能解释不到19.6%的方差，认为职业、收入和教育三者之间较低的相关性表现为人们处于多重叠加的利益群体中，这是造成社会经济地位对阶层认同解释力低的主要原因[1]。

在中国社会结构变迁的大环境下，社会经济地位所建构的客观阶层地位在相当程度上影响到人们的阶层认同。卢汉龙发现在职工

[1] HODGE ROBERT and DONALD TREIMAN. Class Identification in the United States [J]. American Journal of Sociology, 1968, vol. 73, 73.

所在的单位级别对个人的阶层认同有直接的影响[1]。随着中国经济结构调整和社会结构转型，经济体制改革进入深水区，社会成员的就业和收入与市场关系直接相连，个人利益关系全方位市场化，作为生活的实践者，个体通过既有的生活经历亲身体验现实的生活图景，阶层地位认同的基础“参照系”从单位类型等共同体归属转换为个体对于市场机遇的占有（如收入），个体依据对市场因素的占有情况而不是共同体归属来建构自己的阶层认同[2]。但是在基于全国抽样调查数据的实证研究中，职业、收入和教育对阶层认同解释力同样不强[3][4]。

随着社会发展现代化和经济发展水平的提高，人们阶层认同评判的标准越来越倾向后致性因素。研究者对日本的阶层认同进行跨期研究，发现社会经济地位对20世纪70年代的阶层认同影响不显著，到20世纪80年代，收入成为阶层认同最重要的决定因素，而职业和教育没有显著影响。在20世纪90年代，教育、职业、收入对阶层认同有显著影响，社会经济地位的解释力度R2在1975年仅为9.3%，在1995年上升到18.4%[5]。国内最近的研究发现，客观社会经济地位的重要指标职业和教育对上海市居民的主观社会地位具有更加突出的影响，而对于甘肃省居民的影响并不显著，认为在经济社会发展水平较高的地区，职业和教育因素对个人的阶层认同的影响更大[6]。

---

[1] 卢汉龙．城市居民社会地位认同［G］//中国社会科学院社会学研究所．中国社会学年鉴：1992.7—1995.6［M］．北京：中国大百科全书出版社，1996：119－125.

[2] 高勇．地位层级认同为何下移　兼论地位层级认同基础的转变［J］．社会，2013，33（04）：83－102.

[3] 李培林．社会冲突与阶级意识：当代中国社会矛盾研究［J］．社会，2005（01）：7－27.

[4] 陈光金．不仅有“相对剥夺”，还有“生存焦虑”——中国主观认同阶层分布十年变迁的实证分析（2001—2011）［J］．黑龙江社会科学，2013（05）：76－88.

[5] KIKKAWA，TORU. Changes in the Determinants of Class Identification in Japan［J］. International Journal of Sociology，2000，vol. 30，34－51.

[6] 宋庆宇，乔天宇．中国民众主观社会地位的地域差异：基于对CFPS2012成人问卷数据的“虚拟情境锚定法”分析［J］．社会，2017，37（06）：216－242.

## 一、收入、职业技能、职业权力

收入是社会分层的一个重要指标，与职业和教育因素相比来说，收入对个体的阶层认同更具有解释力。收入水平与阶层认同关联性比较强，收入水平是决定阶层归属类别的一个重要变量，教育程度通过收入影响阶层认同[1]。不管受教育程度和职业地位如何，收入在中层的社会成员更倾向将自己归为社会中层，收入是影响个体社会阶层认同的最主要因素[2]。卢福营、张兆曙依据浙江省“四类村庄社会分层的个案比较研究”调查资料的分析，以家庭年度总收入维度作为客观阶层地位分层的标准，认为农村居民的客观分层与主观认同的总体结构具有一致性，二者存在一定的正相关关系[3]。

职业是现代社会阶层地位和社会不平等产生的重要机制，也是影响主观阶层认同的重要指标，已有研究主要从职业声望、职业社会经济指数、职业阶层或者单位类型几个角度挖掘职业对阶层认同的影响，忽视了对职业中的职业技能和权力因素的探讨，在相同的职业内，占有不同权力和技术资源决定了其职业内部的收入报酬和地位的差异。现代城市已形成以技术等级和专业分化为基础的职业体系，职业分化导致社会经济差异日益突出，技术水平要求高的职业往往获得较高的收入和社会阶层地位，无技术或低技术体力劳动者的收入和社会阶层地位则相对较低[4]。

职业技术等级较高的人在工作中能够获得更多的自主性和灵活性。有些职业技能以官方或行业认证的资格证书给予证明，具有法

---

[1] 郑晨．阶层归属意识及其成因分析——中国广州市居民的一项调查［J］．浙江学刊，2001（03）：115－117.

[2] 李培林，张翼．中国中产阶级的规模、认同和社会态度［J］．社会，2008（02）：1－19.

[3] 卢福营，张兆曙．客观地位分层与主观地位认同［J］．中国人口科学，2006（03）：38－43.

[4] 梁玉成，贾小双．中国特大城市中等收入群体的职业特征［G］//思想引领未来：上海研究院报告和理论文章合集．北京：社会科学文献出版社，2018：453－458.

律效力，有些没有类似的证书，但是能够得到公司或整个行业的认可。职业技能或专长是人们的劳动和工作的资产，而这种资产增强了他们在就业市场和就业过程中讨价还价的力量。[1] 因为职业技术等级较高的人员在就业市场上的稀缺性，加上社会或者行业在增加较高等级技术供给来满足组织需求方面有意设置系统障碍，例如，限制证书获得者的数量，职业技术等级高的人在企业组织中占有战略性地位，使得拥有比较高等级技术的人能够获得"技术租金"，即得到超过生产或再生产他们劳动力成本的工资，这也是技术等级较高者获得部分社会剩余的方式之一。[2] 企业主这样做的目的是为了获得高技术水平工作人员的努力与合作，并且激励他们对企业忠诚。[3]

韦伯认为，权力是行动者可以不管对方抵制与否，而能够强行实行自己愿望的可能性。权威是命令被组织内的其他人所遵守或执行的可能。权力同个人的人格魅力相关，权威与个人所处的组织内位置有关。权威有关支配和服从的合法性，对于拒绝服从权威给出的命令要受到组织的惩罚，从这个意义上看，权威可以被描述成合法性的权力。法律、习俗、准则、规范的功能之一就是支持合法权威的有效行使，一般在强制性合作团体中理解和研究权威[4]。为了讨论和表述的便利，文中使用权力来表示上述的权威。组织管理要求组织有健全的规章制度、管理机构，配备和安排工作人员的位置。组织管理中需要有一套监督制度和员工等级制度，小组组长、项目经理、部门经理或总经理等这些人因组织所在的行业和规模的大小有不同的划分，职位的权力和标准也有所不同。但是他们处在既监

---

❶ ［美］埃里克·奥林·赖特．后工业社会中的阶级——阶级分析的比较研究［M］．陈心想，等译．沈阳：辽宁教育出版社，2004：24.

❷ ［美］埃里克·奥林·赖特．后工业社会中的阶级——阶级分析的比较研究［M］．陈心想，等译．沈阳：辽宁教育出版社，2004：23.

❸ ［美］埃里克·奥林·赖特．后工业社会中的阶级——阶级分析的比较研究［M］．陈心想，等译．沈阳：辽宁教育出版社，2004：22－24.

❹ 拉尔夫·达伦多夫．工业社会中的阶级和阶级冲突［G］//［美］戴维·格伦斯基．社会分层［M］．王俊．等译．2版．北京：华夏出版社，2005：439.

督别人又被别人监督的管理位置，一方面，他们对下属员工的升迁、处分和工资的提升都有直接的影响和约束权；另一方面，他们直接或间接参与组织的决策，他们的建议对组织改变工作方法，招聘员工或预算的决策有影响❶。监督者和经理均参与了组织中的管理活动，可以被认为是在代理行使组织负责人的权力。经理在组织权力等级制度的位置越高，分得组织的利益越大。因而，较高阶层经理，特别是大企业的总经理和企业主的利益紧密相连，而较低层的小组组长这个监督者的特征和利益分配更接近于无权的成员❷。由于经理在组织中的战略性地位使得他们获得的超过生产或再生产出这种劳动的成本的收入，占有一部分社会剩余，高出的这部分可以被看作“忠诚租金”，激发经理以一种有效、负责任的方式实现对公司的承诺。❸ 在组织中的技术位置和权力位置均以直接或间接的方式影响个人所调动的资源以及所得到的物质利益。

职业权力直接反映个体社会关系网络中所蕴含的社会资源，在现代社会中，难以通过观察个体系统行为直接测量权力，具有等级特征的社会阶层也不是权力行使的基础，正式组织才是分化和配置权力的重要机制，权力的精细化、多样化和增长均依赖于正式组织，组织通过组织权和控制人事决策而细化权力运作❶，组织中的权力分布是不平等的，从对资源的接触和控制来看，管理层代表着一种精英群体，能够动员和获取更多更好的社会资源。在组织中，拥有最多组织权力资源的高级官员、高级管理人员和大企业主阶层中，认为自己处于中上层和上层的比例明显高于其他职业阶层，而中级管

❶ ［美］埃里克·奥林·赖特．后工业社会中的阶级——阶级分析的比较研究［M］．陈心想，等译．沈阳：辽宁教育出版社，2004：366－367.

❷ ［美］埃里克·奥林·赖特．后工业社会中的阶级——阶级分析的比较研究［M］．陈心想，等译．沈阳：辽宁教育出版社，2004：21－22.

❸ ［美］埃里克·奥林·赖特．后工业社会中的阶级——阶级分析的比较研究［M］．陈心想，等译．沈阳：辽宁教育出版社，2004：22－25.

❶ 夏传玲．权杖和权势：组织的权力运作机制［M］．北京：中国社会科学出版社，2008：22－23.

理人员、高级技术人员等自认为处于“中层”的人数比例比较高[1]。个体在组织中的权力地位影响其阶层归属，有研究发现超过 1/4 的人认为权力是决定个体阶层归属的最重要的原因，阶层认同较低层者尤其看重权力因素对阶层认同的影响作用[2]。

## 二、职业阶层

陆学艺主编的《当代中国社会结构》一书提到社会结构是一个国家或地区的占有一定资源、机会的社会成员的组成方式与关系格局，其中关系格局是指占有一定资源、机会的社会成员在社会行动中所形成的稳定的网络，所以，社会结构被看成社会关系的组合形式[3]。他与其研究团队以职业分类为基础，以组织资源、经济资源、文化资源的占有状况为标准，将社会成员划分成十个阶层[4]。这十个阶层依据从高到低的顺序分别是国家与社会管理者阶层，私营企业主阶层，经理人员阶层，专业技术人员阶层，办事人员阶层，个体工商户阶层，商业服务业从业人员阶层，产业工人阶层，农业劳动者阶层，城乡无业、失业、半失业者阶层。

## 三、事业单位类型

在不同历史时期，人们地位获得的机制有所不同，中国城市居民地位获得的过程与国家宏观制度、政策密切相关，个人的地位与社会结构的变动息息相关。新中国成立初期，出于对新中国总体资源和社会秩序整合的目的，单位制是在计划再分配经济体制下，城

---

❶ 李培林，张翼，赵延东，等．社会冲突与阶级意识：当代中国社会矛盾问题研究［M］．北京：社会科学文献出版社，2005：55－87.

❷ 郑晨．阶层归属意识及其成因分析——中国广州市居民的一项调查［J］．浙江学刊，2001（03）：115－117.

❸ 陆学艺．当代中国社会结构［M］．北京：社会科学文献出版社，2010：10－30.

❹ 陆学艺．当代中国社会阶层研究报告［M］．北京：社会科学文献出版社，2002：3－125.

镇社会中设立的独有组织形态，国家通过单位制管控和垄断了全部的稀缺资源，党和政府对工作计划的下达、资源的调拨和人力等资源的配置几乎都是通过单位这类“总体性组织”在人们之间实现。城镇中各个层级的人们大都在具体的单位中工作和生活，单位给予个人及其家庭就业、住房、公费医疗、子女就业、生活补贴以及其他福利保障等资源❶，满足其员工的基本需求，赋予他们权力和地位以及社会合法身份，并管控他们的社会行为，导致个人对单位的全面依赖。

中国城市社区的单位依据其所有制类型、在行政体制中级别的高低、工业化大目标中的位置和大小规模分为许多不同类别，不同单位在资源拥有量和相关利益配置上都存在差异。这种单位间的区分致使不同单位工作人员在收入获得和福利分配上存在差别。个人占有经济、政治、组织和文化资源的多少与所在单位密不可分，在不同类型的单位工作预示着会遇到区别较大的生活机会❷。因此，单位作为受体制影响的制度结构性决定因素，在城市居民代际地位获得和职业流动过程中呈现出显著的正向作用❸。个人工作单位的体制类型和等级对个人客观社会经济地位的决定性影响，是个人社会及等级地位的重要标识，可以说，它甚至胜过个人的职业地位的影响。

改革开放以来，社会进行着剧烈的变迁，在从传统的农业社会向现代社会转型的过程中，以单位制为基础的社会结构发生剧烈的变化，社会主义市场经济替代了高度集中的计划经济体制，国家相继出台的市场经济政策，许多涉及单位制度改革，单位体制的职能开始转化，所有制结构的主体地位被打破，党和政府管控稀少资源的范围在缩小，力度也在减弱，从开始承认非公有制经济是社会主

---

❶ 孙立平．“自由流动资源”与“自由活动空间”——论改革过程中中国社会结构的变迁［J］．探索，1993（01）：64－68.

❷ WALDER，ANDREW G. Property Rights and Stratification in Socialist Redistributive Economies［J］. American Sociological Review，1992，vol. 57，524－539.

❸ LIN，NAN and YANJIE BIAN. Getting ahead in Urban China［J］. American Journal of Sociology，1991，vol. 97，657－688.

义经济的有益补充，到鼓励和支持非公有制经济发展，国家垄断的一部分资源流入非公有制经济中，进入社会或市场，为私营企业的发展带来机会。与此同时，国有企业也面临全面的改革，20 世纪 90 年代乡镇企业的蓬勃发展和国有企业员工的下岗潮是两面现象的体现。这些使得由国家为社会成员配置资源的单位制失去了肥沃的土壤，而社会正逐步转变为另一个相对独立的提供资源和机会的源泉[1]。单位制改革深刻影响城市社会结构的变迁、社会组织的转变、组织成员的行为及其在社会阶层结构中位置的变化。

第一种观点认为，改革带来的单位的政治功能和其他社会职能弱化，随着社会化服务的发展，以及人们需求的满足和利益实现方式及途径的日益多样化，导致个人对所在单位的依赖性逐步降低并呈现消解[2]。第二种观点认为，尽管从 1978 年以来的改革给非公有制经济带来一定的机会，但是职业垂直流动以及社会层面基本的分层机制变化较为有限，单位组织在社会快速转型期仍然对中国城镇经济结构调整和社会结构变迁有着重要的影响，职工对工作单位依然有着很强大的依附性[3]。国家的再分配机制依然影响个人的职业流动，个人的社会身份、社会阶层地位与单位的地位关系紧密，个体工作的单位类型将仍然是研究中国城镇居民社会阶层地位分化不可忽视的重要因素之一[4]。第三种观点认为，由于市场机制的渗入和国企改革的推进，原有的单位分割效应既出现了松动，同时又表现出了一些延续性的印痕。单位内部，行政级别因素的影响在慢慢

---

[1] 孙立平．“自由流动资源”与“自由活动空间”——论改革过程中中国社会结构的变迁［J］．探索，1993（01）：64－68.

[2] 李汉林．中国单位现象与城市社区的整合机制［J］．社会学研究，1993（05）：23－32.

[3] BIAN，YANJIE & JOHN R. LOGAN. Market Transition and the Persistence of Power：the Changing Stratification System in Urban China［J］. American Sociological Review，1996，vol. 61，739－758.

[4] 李路路．“单位制”的变迁与研究［J］．吉林大学社会科学学报，2013，53（01）：11－14.

降低，而单位类型因素的影响日益显著[1]，单位内部出现了技术干部，行政干部，临时工在收入和地位上的分化。由于改革是在计划经济体制基础上的变革，因此，原有的体制因素不可避免地在发挥作用，但是，人力资本在个人社会地位中的影响力在逐渐提升[2]，教育的作用逐渐凸显，单位内个人的受教育程度在相当程度上影响具体从事的职业，受教育程度越高，从事的职业社会声望越高，教育作为市场经济逻辑下筛选人才的重要机制之一，随着向市场经济过渡，教育的重要性在不断上升[3]。

单位制对个人社会阶层地位影响的变化在实证研究中有所体现。卢汉龙和边燕杰使用1991年的经验数据，当时处在中国国家经济体制改革初期，研究认为工作单位是国家实施再分配的机构，工作单位对当时社会分层模式的产生和变化起关键作用，单位类型等变量对地位层级认同具有重要影响，职工所在单位的行政级别对个人的社会地位和阶层认同具有直接的作用，相比较来说，收入、教育和职业声望对地位层级认同的解释力相对较低；并且，在引入单位类型之后，收入变量在统计上变得不再显著（$p<0.05$）[4]。随着中国经济结构调整和社会结构转型，经济体制改革进入深水区，市场对资源配置的作用增强，以按劳分配为主、各种分配方式并存的利益关系的形成，使得不同职业占有不同的资源和机会，享有不同的综合收益，社会地位分化。社会成员的就业和收入与市场关系直接相连，个人利益关系全方位市场化，作为生活的实践者，个体通过既有的生活经历亲身体验现实的生活图景。李路路认为，社会成员之

[1] 郑路．改革的阶段性效应与跨体制职业流动［J］．社会学研究，1999（06）：37－53.

[2] 李路路．“单位制”的变迁与研究［J］．吉林大学社会科学学报，2013，53（01）：11－14.

[3] 余红，刘欣．单位与代际地位流动：单位制在衰落吗？［J］．社会学研究，2004（06）：52－63.

[4] 卢汉龙．城市居民社会地位认同［G］//中国社会科学院社会学研究所．中国社会学年鉴：1992.7—1995.6［M］．北京：中国大百科全书出版社，1996：119－125.

间的地位分化，除了延续计划经济体制下的国家自上而下“分配或决定”的结果之外，日益成为市场关系作用的结果。虽然国家权力仍然在资源和机会分配中具有重要影响，但是市场机制在社会结构转型过程中发挥着越来越重要的作用。社会的整合方式从体制内外的整合转变为不同阶层和利益群体的整合。人们的“市场地位”取代“身份地位”成为影响社会阶层地位的主要宏观因素[1]。

世界多国比较研究发现，虽然个人的客观社会经济地位影响主观社会阶层，但受到宏观经济、社会发展阶段或特有的制度因素的调节[2]。在中国，“单位”与计划经济体制诸多政策紧密相联，个人所在单位的状况映射在社会阶层结构中的位置，单位制变量影响着个人社会阶层地位选择的偏好。单位制所造成的社会经济分割对个人职业声望的影响，是国内研究者认为国际职业声望值和国际社会经济指标对中国分层研究的不适用因素之一。市场化改革以来，私营企业和工商个体户的成长是市场对国家稀缺资源和机会控制的提升的主要体现，是推动中国的经济结构转型和社会结构变迁最重要的宏观因素。在城乡户籍制度所造成的城乡分化的基础上，体制与市场各自所具有的社会机制是推动现阶段中国社会分化的重要力量，可以预见，二者会在未来较长的时期内继续发挥影响，共同作用于个人和群体的社会位置的变动[3][4]。

研究者高勇在研究中比较了“中国社会变迁调查”2001、2005年两年的调查数据，在2001年，同等收入水平上，不同单位性质的地位层级认同呈现差异；在2005年，同一单位类型中，收入水平不

---

[1] 李路路．社会结构阶层化和利益关系市场化——中国社会管理面临的新挑战［J］．社会学研究，2012，27（02）：1－19．

[2] ANDERSEN，ROBERT，and J CURTIS. The polarizing Effect of Economic Inequality on Class Identification：Evidence from 44 Countries［J］．Research in Social Stratifications & Mobility，2012，vol. 30，129－141．

[3] NEE，VICTOR. Social Inequality in Reforming State Socialism：Between Redistribution and Markets in China［J］．American Sociological Review，1991，vol. 56，267－82．

[4] 刘平，王汉生，张笑会．变动的单位制与体制内的分化——以限制介入性大型国有企业为例［J］．社会学研究，2008（03）：56－78．

同，个体的阶层地位认同显现较大的差距。地位层级认同下移是一种跨群体和跨层级的普遍现象，单位性质对社会地位层级认同的影响大为减弱，收入变量的影响在不断扩大。其中，社会阶层认同下降程度最大的是国有企业和事业单位中的中低收入人员。因此，在中国社会转型背景下，阶层认同的整体“参照系”发生改变，认为社会阶层认同的基础已经从单位类型和社会归属等属性转换到收入等市场机遇的占有上来[1]。市场要素对地位阶层认同的选择偏好上的作用逐渐增强。“参照系”蕴含着深刻的社会变迁趋向，即社会利益群体的关系已经市场化。

基于以上的理论讨论与分析，提出以下假设：

假设1，生成性因素对阶层认同有显著影响。

假设1.1，收入对阶层认同有显著影响。随着收入的增加，阶层认同的序次类别也会提高。

假设1.2，教育对阶层认同有显著影响。随着受教育程度的增加，阶层认同的序次类别也会提高。

假设1.3，职业阶层对阶层认同有显著影响。随着职业阶层的提高，阶层认同的序次类别也会提高。

假设1.4，职业技能对阶层认同有显著影响。随着工作中职业技能的增加，阶层认同的序次类别也会提高。

假设1.5，工作单位类别对阶层认同有显著影响。随着工作单位类别的提升，阶层认同的序次类别也会提高。

假设1.6，工作中管理地位对阶层认同有显著影响。随着工作中管理地位的提升，阶层认同的序次类别也会提高。

---

[1] 高勇．地位层级认同为何下移　兼论地位层级认同基础的转变［J］．社会，2013，33（04）：83－102.

## 第二节　表征性因素

在普遍存在认同焦虑或认同危机的现代社会中，商品所体现的符号价值成为人们建构或强化社会阶层认同的重要方式。乔纳森·弗里德曼认为消费通过一种商品组合的方式创造自我认同，是建构认同的一种工具，在消费品与人或人们的特定关系中完成自我构造。蒂姆·爱德华兹进一步指出，购物和消费不断构成身份认同，个体按照自己的消费模式界定自我或强化阶层归属和个性类别，尤其是那些显而易见的或容易辨认出来的东西，比如服装、汽车、房屋等。衣着、住房和汽车均是具有较高符号价值的消费品，具有能够彰显社会身份地位的象征意义，成为分析阶层认同的重要变量，尤其是住房因素近几年不断受到学者的关注，甚至有学者提出中国已经进入房产社会，住房消费成为表达阶层地位和社会身份的较为直接和客观的指标，探讨住房是否已经超过职业成为影响社会分化和社会不平等的重要因素。本节内容是从消费与认同关系的角度，梳理衣着、住房和汽车的符号象征消费对消费者建构阶层认同的标识功能。

消费与认同存在双向建构关系。物品生产都有特定的目的，例如使用价值，由于生活的丰富性和复杂性，对物品进行分类的过程也附带着符号化，给物品赋予了意义，因此，物品既包括实体又体现符号象征性。我们依据自己的阶层地位与生活品位对物品的消费，也包括对符号的消费，在这个过程中不断确认或重新建构我们的阶层认同。反过来，人们的认同又决定选择何种消费方式和生活方式。消费既是建构认同的重要素材，又是身份认同表达方式之一，消费与认同是双向互动的关系。蒂姆·爱德华兹认为消费与社会地位认同的关系较为复杂，它不是单向的建构，而是双向定位与再定位。对于有些自信心较低的人来说，要成为某个阶层的人必须要消费某种商品。消费影响个体的认同，认同反过来也影响个体的消费选择。

消费行为是自我识别和归属以及对他人进行识别和归类的重要方式，消费的符号象征意义强化归属感。通过消费建构的认同成为许多人的核心认同，甚至其他认同都需要通过消费的形式表达出来，这正是现代消费社会的重要特征。

鲍德里亚指出了消费的符号特征，认为消费系统是建立在符号编码和差异的基础上[1]。符号的象征意义内含社会区分的逻辑，物品经过符码化的过程与符号紧密联系起来，物品与社会阶层地位的符号象征联系是主体在生活世界中的体验和互动中建立的，消费演变为社会集体共同建构的一种符号交流系统，社会成员都能“读”懂的这种符号。消费实践影响“我”对自己的社会认同和阶层定位，消费作为个体行为，既是建构阶层认同的原材料，又是阶层认同的体现和表达[2]。保罗·福赛尔的研究认为美国人在服装、文化生活、住房和汽车消费上的差异可以折射出人们所处的社会阶层的地位[3]。《美国人》这部小说生动地刻画出一幅“符号”的王国，先是象征成功与地位的符号——消费能力，接着是诸如服装、住所、旅行等用来表现身份的符号，女人也被物化为商品符号，成为婚姻市场或交际市场上的代售品，其中，较低阶层的人物的共同目标是期望通过符号消费来构建阶层认同。

基于生存状况和生活处境之上的阶层消费行为，展现出许多方面的差异，消费品成为社会地位区分的象征性符号，消费实践与阶层认同密切相关。李培林和张翼以 1999 年重庆市的调查数据，通过消费结构上的分析发现富裕阶层闲暇时间用于学习、旅游上的家庭比贫困阶层多，体现个性和名牌时髦的服装消费随消费阶层的递升基本呈增长趋势。李春玲基于全国抽样调查数据资料研究指出，私

---

[1] ［法］波德里亚．消费社会［M］．刘成富，全志钢，译．南京：南京大学出版社，2000：47.

[2] 王宁．消费社会学［M］．北京：社会科学文献出版社，2011：50.

[3] ［美］保罗·福赛尔．格调：社会等级与生活品味［M］．梁丽真，等译．北京：中国社会科学出版社，1998：61－183.

营企业主一般处于较高消费水平，通过名牌服装、在高档餐厅请客吃饭及其他炫耀消费行为来证明自身价值。以国家与社会管理者、经理人员、专业技术人员为主的白领阶层倾向文化品位型的中档消费，蓝领半蓝领阶层（个体工商户、商业服务业人员和产业工人）偏向于经济实惠的消费模式，农业劳动者则大多处于较低消费水平。消费分层的高低与阶层认同之间存在比较紧密的联系，两者偏相关关系达到0.34，在阶层认同上属于较高社会阶层的人群，在消费分层中也属于较高阶层，反之，较低的社会阶层认同也从消费分层中反映出来[1]。城乡居民家庭消费支出中的服装消费、交通通信消费、耐用品消费、文化娱乐消费等支出对个体的阶层认同有显著的正向相关关系[2]。

## 一、服装

服装的使用价值是蔽体御寒，在其演化的过程中成为文化的组成部分，在人们的日常生活中扮演重要角色，是人们表达个性和社会地位的符号。从历史发展的脉络看，服装代表着时代的符号。在中国古代社会，个人着装有着森严的等级秩序，服装就是身份地位的象征，是政治秩序的重要组成部分。例如，“黄色”是帝王专属的颜色，人人均要严守穿衣的规矩，不得僭越。凡勃伦在《有闲阶级论》一书中的第七章，专门针对法国等级社会的有闲阶级的服装进行讨论。他认为，服装是显示人的财富、闲暇和地位的直接体现，看一眼便会对他人的金钱财富和社会等级地位做出一定判断[3]。在民国时期，中山装和旗袍备受青睐。在现今社会，衣着趋向多元化，在大街上可以看到运动服、牛仔裤、职业装等多种款式风格并存的

---

[1] 田丰．消费、生活方式和社会分层［J］．黑龙江社会科学，2011（01）：88－97.

[2] 刘彦，靳晓芳．城乡居民家庭消费支出与阶层认同——基于CGSS2010的数据分析［J］．兰州交通大学学报，2015，34（02）：56－60.

[3] ［美］凡勃伦．有闲阶级论［M］．李华夏，译．北京：中央编译出版社，1964：165.

服饰形态。

人们的内心渴望得到社会的尊敬，服装作为最易操作的象征符号，反映个人的预期的角色期待与社会认同。老百姓在日常生活中总结出来的智慧名句，“人靠衣装马靠鞍”“人靠衣装佛靠金装”。着装是个体在生活的前台进行印象管理的重要手段，当我们的着装没有达到社会潜在角色期待或自己想要达到的印象时，就会直接敏锐地观察到，并会感到局促不安。例如，初次去银行面试的大学生穿一身运动装，在其他的面试者以及面试官都穿西装打领带的情况下，自己会显得很突兀，觉得运动装不适合这个场合，是面试减分的部分，这也是每年大学生毕业都会为自己准备一套职业西装和皮鞋的原因。

职业装是着装者展现职业地位差异强有力的工具。现代社会的着装趋向平民化、去阶级化和多元化，典型的例子就是牛仔裤和运动衣服的普及，日常生活中的着装比较随意，反映一个人的个性、偏好和品位，很多公司对员工的着装也没有严格的要求，服装反映个人社会地位的标识功能变得愈加模糊❶。但也有一些行业出于职业化和归属感的要求，对成员工作时的着装有严格的规定，特别在专业性要求较高的行业体现得比较明显，例如金融行业、律师行业、医生行业等，美国的华尔街和北京金融街的投行和证券公司一般要求员工穿无条纹、无花纹的浅色衬衫，集中在白色、浅蓝色等，中午休息时，人们会看到几乎所有的人都是笔挺的西装和纯色衬衫。到医院看病，看到穿白大褂的人，我们就认为是医生或者护士。到陌生的地方寻求帮助时，我们首先会去找穿警服的警察，这成了他们工作专业化的一种外显的标识，人们可以通过服装的这种标识直接判断出他所属的组织行业。职业装对这个行业成员也会形成一种约束力，促使其调整自我进行有效的角色扮演，并得到对行业的归属感。因此，可以说，服装的标识功能还是存在的，并没有完全消失。

---

❶ 王宁．消费社会学［M］．北京：社会科学文献出版社，2011：165－166.

## 二、住房

住房是人类家庭生活的居所，也是家庭成员交流感情的所在地、心灵的避风港，是社会的细胞与社区空间单元的统一体，买房的行为不仅是金钱的消费更是寄托着对安全感的确认、对感情的投资、对幸福的追求、对某种生活方式的向往、对某种社会阶层群体的归属，这种寄托与国家的住房制度变迁、家本位的文化背景、个人的客观经济地位、社会流动变化轨迹与受教育程度是紧密联系的。住房不仅是占有一定空间的物质结构，也是一个社会阶层地位的象征。住房成为人们通过社会比较财富、地位、格调、品位而进行自我归类和寻求社会认同的重要象征与符号。

住房的符号分为外部符号与内部符号[1]。住房的外部符号与所在城市的区位空间有关，主要会考虑住房所在的城市、离市中心的远近、地段、交通方便程度、住房周围学校的声誉、社区的绿化环境、小区的物业、安保以及居住群体的阶层类别，等等，在购买房屋的过程中，学区房成为青年群体为孩子教育择校的重点考虑对象，临近地铁的住房是上班族的首选，甚至说“地铁一响，黄金万两”。美国、英国、澳大利亚等这些西方国家的买房者还会考虑邻居的宗教信仰、种族肤色、犯罪率等。外部符号也与个体房屋的特征有关，包括住房的多少，房屋的产权、面积、结构、设计和外观等具体的因素。随着城镇居民人均居住面积升至较高水平，叠加居民收入水平稳步提高，房地产市场由前期的“有房住”向“住好房”阶段过渡，中高端改善性需求渐成房地产市场最为重要的置业群体。内部符号涉及住房内部的家具摆设、家电品牌、室内装饰摆设和整体装修风格，房主对这些东西的偏好不是偶然的、断裂的，而是有内在的统一性，作为符号能够充分显示出房主的个性、情趣、格调和品

---

[1] 王宁．消费社会学［M］．北京：社会科学文献出版社，2011：168.

位。保罗·福赛尔认为，根据美国人的住房外观特征可以判定房主所归属的社会阶层，草坪的修剪、院子里的摆设、墙的装饰、车道的形状等都能指示出房主的等级，住房格调间差异可以体现出社会阶层间存在的差异[1]。

自20世纪80年代我国城镇住房体制改革以来，一方面，房改售房推动福利住房产权化；另一方面，住房被引入消费流动领域开始走向市场化和商品化，城镇住房市场再分配体制在市场体制的推动下骤然升温，各种层次定位的商品房像雨后春笋般拔地而起，对社会经济结构和财富分配产生深远的影响，城镇居民因住房价格上涨的获益程度加速分化。自有住房供应主体由国家逐渐转为市场，中国城镇居民住房自有率有较大的提高，是否拥有自有产权住房是衡量一个人经济成就和社会地位的重要指标，在这场住房利益调整中，职业地位高的专业精英和管理精英分别从市场体制和再分配体制中获益较多，占有的房产比率远大于职业地位低的非专业精英。[2]个人在体制内工作单位的类型和级别以及在市场上收入的多少影响个人的住房获得能力。此外，自有住房产权的获得具有鲜明的时期效应和世代效应，住房制度改革、住房价格上涨、个体生命历程三者交互作用影响个人的住房获得。[3]目前，城镇社区存在由无产权房、有产权房和多产权房阶层组成的"三阶五级式"住房结构图示[4]。住房产权对社会阶层结构与社会不平等有很大的影响，住房分化会加剧各个利益群体的财富不平等，增加社会结构内不同阶层间冲突的可能性。

---

❶ ［美］保罗·福赛尔．格调：社会等级与生活品味［M］．梁丽真，等译．北京：中国社会科学出版社，1998：101.

❷ 边燕杰，刘勇利．社会分层、住房产权与居住质量——对中国"五普"数据的分析［J］．社会学研究，2005（03）：82－98.

❸ 吴开泽．房改进程、生命历程与城市住房产权获得（1980—2010年）［J］．社会学研究，2017，32（05）：64－89.

❹ 刘祖云，毛小平．中国城市住房分层：基于2010年广州市千户问卷调查［J］．中国社会科学，2012（02）：94－109.

城镇居住空间呈现出区隔化趋势。恩格斯曾经分析过19世纪40年代英国曼彻斯特城市的社会居住空间，从阶层的居住空间分割的角度讨论了英国社会的阶层化问题。[1] 我国城乡地区目前大体上存在七个类型社区，包括街坊型社区、单一或混合的单位社区、保障性住房社区、普通商品房小区、别墅区或高级住宅区、新近由农村社区转变过来的城市社区、农村社区。各个小区的形成有制度和政策的因素、历史的因素、市场的因素、择居观念因素等。最近的研究认为，城镇居住空间呈现阶层化趋势，主要逻辑是住房商品化制度的盛行，住房价格对住房消费者起筛选的功能，不同收入支付能力的购房者不自觉地向各自相应阶层的居住空间聚拢，使得社区居住空间的居民个体向单一的某个社会阶层聚拢[2]。有研究者总结出城镇居住空间区隔化成为可能的四个要素：①居民家庭经济收入差距迅速拉大并逐渐成为社会分层的中轴是其形成的基本条件；②城镇土地区位优劣决定住宅价格日益多样化使之成为可能；③住宅的商品化、市场化是市场驱动的动力机制；④社会流动的增加发挥着加速器的作用[3]。

房地产楼盘的定位层次与开发商具有强烈情感色彩的广告宣传内容有强相关关系，楼盘锁定的消费群体的社会层级越高，广告的辞藻越奢华尊贵，低价位的楼盘往往以住房的经济实惠、年轻生活居所等来吸引和抓住中下层群体的心理和选择偏好。相反，高价位的楼盘中突出奢华、尊崇、高尚的词语，显然，这时房地产商的广告受众目标群体俨然是社会上层和中上层的成功人士。房地产商通过这种淋漓尽致的差异化的广告宣传区分，吸引不同阶层的顾客在居住上向自己归属阶层的楼盘聚集。房地产商向受众灌注和强化这样的观念：人们居住在不同层次的小区，象征着会被归类到不同的

---

[1] 刘精明，李路路．阶层化：居住空间、生活方式、社会交往与阶层认同——我国城镇社会阶层化问题的实证研究［J］．社会学研究，2005（03）：52－81.

[2] 李斌．中国城市居住空间阶层化研究［M］．北京：光明日报出版社，2013：5.

[3] 徐晓军．社区走向阶层化［J］．社会，1999（08）：34－35.

社会等级分化中的位置。有学者研究认为，楼盘户型的大小、地理位置对居住社会分化有影响，房地产商希望户型越大、地段越靠近中心区，入住的人士在社会阶层中的地位越高，符合我国最近所呈现的城市化区位功能升级的趋向，收入较低或者房子较为破旧的人因为各种原因远离市中心，而家庭财富较富裕的人才能住在好的地理位置。[1]

在当下“房产热”情境下，住房是重要的大宗消费和物质财富，向人们表达了居住者的社会地位、声誉和权力，社会地位象征意义首屈一指，通常被用来定义自我和人际互动的识别符号，是建构社会认同的重要依据，甚至形成具有清晰区隔性的住房地位群体[2]。住房是城镇居民家庭或个人的重要经济资本，住房价格的持续、快速上涨则使其逐渐成为财富再生产的重要机制[3]，有研究表明住房品质对于人们的阶层认同有显著影响，拥有本地自有住房的个体，其阶层认同感会上升，住房所在社区的区隔化程度对其社区居民阶层地位认同也有显著影响，成为区分阶层群体边界的场域[4]。除此之外，住房是家庭婚姻决策中的重要砝码、社会关系网络中的话语资本，这种符号资本是目前人们自我阶层认同形成的重要客观指标[5]。

## 三、汽车

汽车日渐成为家庭高档耐用品消费的重要组成部分和出行的重要交通工具，使人们的出行更加便捷、高效，汽车不仅有身体承载工具的使用价值，而且是舒适、自由、速度和成功的表达符号，在

---

[1] 郑子敏．从房地产广告看城市居住社会分层——以福州市楼盘广告为研究对象［J］．长春理工大学学报（社会科学版），2012，25（07）：71－73．

[2] 李强．转型时期城市“住房地位群体”［J］．江苏社会科学，2009（04）：42－53．

[3] 张文宏，刘琳．住房问题与阶层认同研究［J］．江海学刊，2013（04）：91－100．

[4] 张海东，杨城晨．住房与城市居民的阶层认同——基于北京、上海、广州的研究［J］．社会学研究，2017，32（05）：39－63．

[5] 闵学勤．空间拜物：城市青年住房消费的仪式化倾向［J］．中国青年研究，2011（01）：36－41．

居住区与工作区相分离的现代社会，对有车的人来说，汽车作为移动的承载工具，使得远距离的、复杂的、匆忙快速的生活变得可能。个体对汽车的依赖性愈加明显，汽车也是个体社会阶层地位和生活风格偏好的体现。

汽车作为高档消费品，具有强烈的社会地位象征功能，是个人社会身份的名片和社会阶层地位的象征。人们对汽车的膜拜不过是对其背后的社会阶层地位的向往。尽管在城镇居民的生活中汽车已经趋向普及，然而汽车的社会地位象征性在百姓生活中根深蒂固。有一位被访者介绍，汽车如衣服一样，与社会身份有关联，开的什么品牌的车，从什么车上下来，会使生活在周围的人自然而然（你是哪个地位的人）产生某种特有的联想，虽然可能很有钱的富人会开着普通的车，也可能没有钱的穷人会开着好车，但汽车基本上能够反映（社会地位），千万富翁不可能开一辆十几万的车。[1]

亨利·列斐伏尔认为，汽车代表着舒适、速度、权力和威信，除了交通的实际用途外，也被当作符号来消费，象征着快乐、刺激，各种内含相互交错、强化、抵消[2]。汽车不仅是交通工具，“也是注重隐私和自由的身体的承载工具；汽车不仅承载着它所承载的东西，它也承载着个人的意识形态”[3]。被企业精心设计的汽车广告不断向我们表达汽车象征的科技、审美、私有财产、社会地位、价值观、社会竞争能力等文化价值和意义，通过“个体享乐性想象认同”和“社会参照性成功认同”来形塑着汽车给消费者所带来的对理想生活的想象、向往、追逐[4]，将汽车与某种社会地位或生活方式的想象勾

---

[1] 林晓珊．汽车梦的社会建构——中国城市家庭汽车消费研究［M］．北京：社会科学文献出版社，2012：195.

[2] ［美］约翰·奥尼尔．身体形态——现代社会的五种身体［M］．张旭春，译．沈阳：春风文艺出版社，1999年：96.

[3] ［美］约翰·奥尼尔．身体形态——现代社会的五种身体［M］．张旭春，译．沈阳：春风文艺出版社，1999年：96－97.

[4] 林晓珊．汽车梦的社会建构——中国城市家庭汽车消费研究［M］．北京：社会科学文献出版社，2012：194.

连起来，使人们的购买欲越来越强烈。汽车消费者利用汽车的象征符号来确认自身的社会阶层等级地位，建构或强化自己在群体中的地位认同。汽车的身份象征性使得它穿梭于承载工具和权力、地位、品位、财富、风格之间。人们为此忍受了噪音、尾气污染和可能存在的车祸风险等。

现如今，在讲究社会地位和身份秩序的逻辑下，汽车品牌的符号象征意义愈加凸显，个人使用汽车的产品类别成为创造与维持车主社会身份的机制。汽车的品牌有着明显的等级序列。法拉利、劳斯莱斯、奥迪、宝马等知名品牌的汽车往往让人联想起车主的身价不菲，品牌是地位、财富、权力的象征，不同品牌、不同款式的汽车代表着不同的符号意义，不同品牌反映了消费者身份地位的差异。有研究认为，对于不同的群体来说，名牌车的象征意义有些许的差异，对于普通大众，开名牌车这件事在朋友圈是值得炫耀的；但对于富豪，更看重品牌车的安全、舒适。[1] 但是不可否认，各个阶层的人均依赖汽车品牌的符号意义来建构自身的地位认同。汽车的符号象征意义与个体的社会阶层等级隐含着一种对应的同构关系。有研究者通过对江苏省常州市小庙村的村民主观阶层认同的影响因素分析发现，是否有小汽车对居民阶层认同具有显著的正向影响，与那些家里没有小汽车的村民相比，家里有小汽车的村民主观上更可能认为自己处于较高社会地位[2]。这个个案研究得出的结论给笔者的研究启示：在汽车渐渐普及的全国城乡居民中，汽车是否依然是影响个体阶层认同的重要变量呢？

汽车作为交通工具，不仅体现个人的社会地位，还代表个人的品位与生活风格，车友之间流行这样一句话“买车不需要理由，买哪款车才需要理由”。不言自明，汽车与个体的品位、偏好、生活风

---

[1] 林晓珊．汽车梦的社会建构——中国城市家庭汽车消费研究［M］．北京：社会科学文献出版社，2012：200.

[2] 马继迁．“城中村”村民阶层认同的影响因素分析——基于江苏省常州市小庙村的调查［J］．湖北社会科学，2012（10）：63－66.

格密不可分。车友会就是因汽车品牌或者款式而结成一个具有共同生活偏好和生活风格的共同体，针对群体的性别、年龄、家庭成员的多少、用途等，存在老年车、“雅皮士”车、小型车、紧凑车型、高级车型、三厢车型、SUV 等车型，目的是满足车主独特的要求，寻求与别的群体区分开来的符号特征，体现一种生活风格偏好，当然也有社会财富和社会地位的象征。消费的这种多元化、差异性、个体性所形成的亚文化为后现代理论在汽车的分析上提供现实依据。这种多类别的生活风格偏好构筑的身份认同亚文化，削弱了传统的阶级区分在汽车上的分析。

基于以上的理论讨论与分析，提出以下假设：

假设 2，表征性因素对阶层认同有显著影响。

假设 2. 1，家庭消费支出对阶层认同有显著影响，随着家庭消费支出的增加，阶层认同的序次类别也会提高。

假设 2. 2，教育消费对阶层认同有显著影响，随着教育消费的增加，阶层认同的序次类别也会提高。

假设 2. 3，衣着消费对阶层认同有显著影响，随着衣着消费的增加，阶层认同的序次类别也会提高。

假设 2. 4，文化消费对阶层认同有显著影响，随着文化消费的增加，阶层认同的序次类别也会提高。

假设 2. 5，汽车对阶层认同有显著影响。

假设 2. 6，住房对阶层认同有显著影响，随着住房的增加，阶层认同的序次类别也会提高。

假设 3，阶层认同对是否有汽车有显著影响。

假设 4，阶层认同对住房有显著影响。

# 第五章　研究数据

## 第一节　数据说明

本书的数据来自中国社会科学院社会学研究所于2015年的“中国社会状况综合调查”（CSS），该调查采用分层多阶段抽样方式，调查区域覆盖了我国31个省，包括151个区市县，其数据研究结果可推论年满18~69周岁的住户人口。根据具体的研究目的，本书以居民个体为研究对象，问卷中总样本为10243个。由于职业是研究的重要变量，而问卷中，失业或无业的个体没有测量职业阶层、工作所需技能、职业管理位置、单位类型的信息，因此在统计分析时，笔者删除了信息缺失的样本，在删除缺失值之后，共得到5901个完整样本数据。本书使用统计软件Stata13.0对调查样本数据进行处理。

## 第二节　变量的操作化

### 一、因变量

在本书中，因变量为居民的阶层认同。该变量以“您认为您本人的社会经济地位在本地大体属于哪个层次？”来测量，其选项分为“上层”“中上层”“中层”“中下层”“下层”。由于上层只有5人，占总样本量的0.26%，因此“上层”选项与“中上层”选项合并为“上层”。

## 二、自变量

年龄、性别与城乡是研究中的控制变量。问卷中被访者的年龄范围在18～69周岁。由于大量农业户籍的农村居民向城镇长时间的流动甚至定居，因此本书的城乡控制变量不是以户籍为标准，而是以生活在城镇地区和农村地区来划分城乡。城镇地区包括主城区、城乡结合区、镇中心区、镇乡结合区、特殊区域。农村地区包括乡中心区和村庄。

在本书中，解释自变量包含两大类，一类是生成性因素，另一类是表征性因素。生成性因素具体包括：家庭总收入、受教育水平和职业。第一，书中使用的“中国社会状况综合调查”（CSS）数据是在2015年进行收集的，收入数据是2014年全家的总收入，为了比较不同收入组对阶层认同的影响，笔者将数据中的收入五等分，分别是低收入组、中下收入组、中等收入组、中上收入组和高收入组，分别赋值1、2、3、4、5。第二，是教育变量，问卷中教育程度的选项分得比较详细，由低到高依次包括未上学、小学、初中、高中、中专、职高技校、大学专科、大学本科、研究生。由于本书关注不同阶段的教育对阶层认同的影响程度，教育阶段的区分性对就业和资本积累有重要影响，因此将教育程度重新编码为“初中及以下”“高中”和“本科及以上”，并分别赋值1、2和3。

第三，职业不仅是观察社会结构变化的综合测量指标，也影响居民的收入水平、消费水平、社会关系网络和社会地位，职业与其他因素的叠加，决定甚至改变了个体在场域中的位置。由于职业的重要性，笔者从四个角度充分测量职业对阶层认同的影响。

（1）以职业为基础的社会分层

职业分层主要依据陆学艺在《当代中国社会阶层研究报告》对

十大阶层的划分，但本次使用的“中国社会状况综合调查”（CSS）的数据，问卷的问题中没有调查无业和失业被访者的职业特点，因为这些人处于失业状态，也无法回答涉及目前职业状况这些问题。因此，依据职业划分为九大职业阶层，分别为国家与社会管理者阶层、私营企业主阶层、经理人员阶层、专业技术人员阶层、办事人员阶层、个体工商户阶层、商业服务业从业人员阶层、产业工人阶层和农业劳动者阶层。[1] 在问卷中，没有此项问题和选项，在此变量形成的具体操作中，笔者依据被访者的工作单位名称、具体职务记录、具体工作内容和职业代码综合归类为这九大职业阶层。在变量选项的赋值中，农业劳动者 =1、产业工人 =2、商业服务人员 =3、个体工商户 =4、办事人员 =5、专业技术人员 =6、企业经理人员 =7、私营企业主 =8、国家与社会管理者 =9。

（2）工作性质需要的专业技能，此问题主要测量被访者的专业技能

在问卷中的问题是您认为您的这份工作性质属于？有四个选项：①需要很高专业技能的工作；②需要较高专业技能的工作；③需要一些专业技能的工作；④不需要专业技能的工作。变量选项的赋值中，不需要专业技能 =1，一些专业技能 =2，较高专业技能 =3，很高专业技能 =4。

本次使用的调查数据“中国社会状况综合调查”（CSS）问卷中的 B3a 问题中，您目前的工作状况是？问题中包括四个选项：①目前只从事非农工作；②目前以从事非农工作为主，但同时也务农；③目前以务农为主，但同时也从事非农工作；④目前只务农。对于回答前三个选项的人可以继续回答目前非农工作的一些问题。对于选择目前只务农的被访者则不需要回答目前非农工作的特征问题，

[1] 陆学艺．当代中国社会阶层研究报告［M］．北京：社会科学文献出版社，2002：3 – 125．这十大阶层分别是国家与社会管理者阶层，私营企业主阶层，经理人员阶层，专业技术人员阶层，办事人员阶层，个体工商户阶层，商业服务业从业人员阶层，产业工人阶层，农业劳动者阶层，城乡无业、失业、半失业者阶层。

对非农工作的问题存在跳答。但是本书的研究对象中涉及只从事务农的农业劳动者，为此笔者依据调查数据中现有信息尽量合理地推测出只从事务农的农业劳动者的职业技能。在已有的16位回答了职业技能问题并且职业编码为601—605的种植业生产人员中，有15位认为不需要专业技能，因此笔者将只务农的农业劳动者中参加种植业生产的群体归类为不需要专业技能类别。而其他回答此问题并且职业编码为606—626的农、林、牧、渔、水利业生产人员选择的众数是需要一些专业技能，因此将目前只务农中其他的农、林、牧、渔、水利业生产人员在工作的专业技能上归为需要一些专业技能。

（3）在工作单位中的管理位置，主要测量被访者对工作的支配权力

在问卷中的B4e问题，在您目前的单位中，您的管理活动情况是？问题中包括三个选项：①只管理别人，不受别人管理；②既管理别人，又受别人管理；③只受别人管理，不管理别人。变量选项的赋值中，只受别人管理=1，既管理别人又受别人管理=3，只管理别人=4。同样由于上述跳答的原因，对问卷中的B3a问题中选择目前只务农的个体，与问卷中$B4_b$的非农就业中的身份问题中选择自营劳动者（如没有雇用他人的个体工商户和自由职业者）的个体并没有回答此项问题，这两者在工作中的权力是既不受别人管理，同时也不管理别人，因此笔者尝试对此问题增加一个选项，即既不受别人管理，也不管理别人，并赋值2。

（4）工作单位类型主要测量被访者所在的单位类别

在问卷的B4a问题，您从事这份非农工作所在的单位/公司是？问题包括十个选项：①党政机关、人民团体、军队；②国有企业及国有控股企业；③国有/集体事业单位；④集体企业；⑤私营企业；⑥三资企业；⑦个体工商户；⑧民办事业单位（民办非企业单位）；⑨社区居委会、村委会等自治组织；⑩没有单位。这个问题的类别选项较多，为了各个类别实际意义的比较和研究的简洁性，笔者将第1至第4归为国有企业类别，赋值3；第9类因其收入同样来自国

家支付也归为国有企业类别，赋值3；第5至第8归为私营企业，赋值2；第10归为个体，赋值1，此外，将对问卷中的B3a问题中选择目前只务农的个体归为个体，赋值1。这种大致归类，可能类别的名字不太符合或恰当，但主要表达单位类别性质的差异。

表征性因素具体包括：家庭总支出，家庭教育支出，衣着支出，文化、娱乐、旅游支出，家庭汽车和自有住房数量。家庭总支出，家庭教育支出，衣着支出，文化、娱乐、旅游支出主要是问卷中 $C4_b$ 的日常消费支出情况中的数据。家庭总支出取2014年家庭年总支出的对数，教育支出测量以其总体均值4359.91元为阈值，大于阈值为家庭教育高消费组，赋值1；小于阈值为家庭教育低消费组，赋值0。衣着支出测量以其总体均值3676.36元为阈值，大于阈值为家庭衣着高消费组，赋值1；小于阈值为家庭衣着低消费组，赋值0。文化等支出的测量以其总体均值2032.04元为阈值，大于阈值为家庭文化高消费组，赋值1，小于阈值为家庭文化低消费组，赋值0。在问卷C3列表中对汽车物品的测量包括国产汽车和进口汽车，在此变量处理中，只要二者有其一都算作有汽车，否则是没有汽车，有汽车赋值1，没有汽车赋值0。住房变量的测量是在问卷的C1中，您家目前有几套自有住房，本是定距变量，但是在当下老百姓讨论的住房情境中，首先会考虑有没有房，有房就等于在某个地方安家，其次才会考虑有几套自有住房。结合区分性和生活情境，将定距变量降级为定序变量，重新编码为“没有自有住房”“有一套自有住房”和“有两套及以上自有住房”，分别赋值1、2和3。

## 三、样本的描述分析

表5－1列出了研究变量的描述统计结果。样本中被访者的平均年龄在44.86岁，51.50%为男性；从城乡地区分布看，46.98%的被访者生活在城镇地区，53.02%的被访者生活在农村地区。从阶层认同分布看，57.04%的人选择社会下层或者中下层，38.50%的人

选择社会中层，仅有4.46%的人选择社会上层。这与以往实证研究对阶层认同下沉的判断相一致。

从职业阶层上看，56.85%的被访者为农业劳动者，农业劳动者、产业工人和商业服务人员的被访者占到总样本数据的八成左右。从工作技能上看，有将近七成的被访者工作中不需要专业技能，将近两成的被访者认为自己的工作中需要一些专业技能。从工作单位类别上看，六成以上被访者无具体的工作单位，在私营企业工作的被访者是国有企业或政府单位的两倍。从工作中的管理地位上看，两成以上的被访者在工作中只受别人管理，六成以上的被访者在工作中既不管理别人也不受别人管理，一成左右的被访者工作中既管理别人又受别人管理。从教育上看，七成以上的被访者受教育程度是初中及以下，受教育程度为高中和大学的被访者人数相差无几。

七成以上的被访者的教育支出低于总体均值4359.91元，被列入教育支出低消费组。将近七成的被访者的衣着支出低于总体均值3676.36元，被列入衣着支出低消费组。八成以上的被访者在文化、娱乐、旅游上的支出低于1245.65元，被列入文化支出低消费组。将近三成的被访者拥有家庭汽车。将近八成的被访者拥有一套自有住房。

**表5-1 研究变量的描述统计（$N=5901$）**

| 变量 | 百分比（%） | 均值 | 标准差 | 变量赋值 |
|---|---|---|---|---|
| 阶层认同[a] | | 2.21 | 0.89 | 下层=1，中下层=2，中层=3，上层=4 |
| 下层 | 26.57 | | | |
| 中下层 | 30.47 | | | |
| 中层 | 38.50 | | | |
| 上层 | 4.46 | | | |
| 年龄 | | 44.86 | 12.09 | 18~69周岁 |
| 性别 | 51.50 | 0.52 | 0.50 | 女=0，男=1 |
| 城乡 | 46.98 | 0.47 | 0.50 | 农业户口=0，非农业户口=1 |

续表

| 变量 | 百分比（%） | 均值 | 标准差 | 变量赋值 |
|---|---|---|---|---|
| 收入 | | 2.92 | 1.41 | |
| 低收入组 | 21.98 | | | 低收入组 =1，中下收入组 =2，中等收入组 =3，中上收入组 =4，高收入组 =5 |
| 中下收入组 | 20.50 | | | |
| 中等收入组 | 19.40 | | | |
| 中上收入组 | 20.12 | | | |
| 高收入组 | 18.00 | | | |
| 职业阶层 | | | | |
| 农业劳动者 | 56.85 | | | 农业劳动者 =1，产业工人 =2，商业服务人员 =3，个体工商户 =4，办事人员 =5，专业技术人员 =6，企业经理人员 =7，私营企业主 =8，国家与社会管理者 =9 |
| 产业工人 | 11.83 | | | |
| 商业服务人员 | 9.25 | | | |
| 个体工商户 | 5.74 | | | |
| 办事人员 | 5.56 | | | |
| 专业技术人员 | 6.83 | | | |
| 企业经理人员 | 1.41 | | | |
| 私营企业主 | 1.56 | | | |
| 国家与社会管理者 | 0.97 | | | |
| 工作专业技能需要程度 | | 1.49 | 0.82 | 不需要专业技能 =1，一些专业技能 =2，较高专业技能 =3，很高专业技能 =4 |
| 不需专业技能 | 68.31 | | | |
| 一些专业技能 | 18.35 | | | |
| 较高专业技能 | 9.57 | | | |
| 很高专业技能 | 3.76 | | | |
| 工作单位类别 | | 1.54 | 0.73 | 个体 =1，私营企业 =2，国有企业 =3 |
| 个体 | 60.06 | | | |
| 私营企业 | 26.06 | | | |
| 国有企业 | 13.88 | | | |

续表

| 变量 | 百分比（%） | 均值 | 标准差 | 变量赋值 |
|---|---|---|---|---|
| 工作管理地位 | | 1.96 | 0.68 | 只受别人管理=1，既不受别人管理也不管理别人=2，既管理别人又受别人管理=3，只管理别人=4 |
| 只受别人管理 | 21.88 | | | |
| 既不受别人管理也不管理别人 | 63.67 | | | |
| 既管理别人又受别人管理 | 10.93 | | | |
| 只管理别人 | 3.52 | | | |
| 教育 | | 1.44 | 0.73 | 初中及以下=1，高中、中专、职高技校=2，大学专科、大学本科、研究生=3 |
| 初中及以下 | 70.70 | | | |
| 高中 | 14.95 | | | |
| 大学 | 14.35 | | | |
| 家庭支出对数 | | 10.44 | 0.93 | 家庭年总支出的对数 |
| 教育消费 | | 0.29 | 0.45 | 以教育支出均值4359.91元为阈值，大于阈值赋值1，小于阈值赋值0 |
| 低消费组 | 71.30 | | | |
| 高消费组 | 28.70 | | | |
| 衣着消费 | | 0.31 | 0.46 | 以衣着支出均值3676.36元为阈值，大于阈值赋值1，小于阈值赋值0 |
| 低消费组 | 68.90 | | | |
| 高消费组 | 31.10 | | | |
| 文化、娱乐和旅游消费 | | 0.15 | 0.36 | 以文化、娱乐、旅游的支出均值1245.65元为阈值，大于阈值赋值1，小于阈值赋值0 |
| 低消费组 | 84.68 | | | |
| 高消费组 | 15.32 | | | |
| 汽车 | | 0.26 | 0.44 | 有汽车=1，无汽车=0 |
| 自有住房 | | 2.14 | 0.44 | 没有自有住房=1，有一套自有住房=2，有两套及以上自有住房=3 |
| 没有自有住房 | 3.80 | | | |
| 有一套自有住房 | 78.61 | | | |
| 有两套及以上自有住房 | 17.59 | | | |

## 第三节 模型的选择

研究的因变量阶层认同的类别选项含有相对的高低序次信息，应该采用定序 logit 回归模型（Ordinal Logit Regression），但是该回归模型的背后隐含比例发生比假定（Proportional Odds Assumption），或者称为平行回归假定。此假定是指自变量对每一个累积对数发生比的影响都相同，即自变量对因变量由低到高的渐进累积序次变化的作用效果（发生比）是相等的，从而在一个序次类别到另一序次类别之间得到一致的斜率（即平行回归）[1]，自变量的回归系数应完全相同[2]，通俗来讲，对于因变量的回答类别 $j$ 是什么，一个 $x$ 变量的影响是维持不变的[3]。笔者尝试使用定序 logit 回归模型，通过似然比检验显示卡方值检验显著（$p < 0.05$），说明在该数据中，定序 logit 回归模型并不能满足平行回归假定，检验结果并不意外，因为此假定在实证研究中通常难以成立。笔者进一步使用布兰特（brant）检验，除了同样显示该数据违背了平行回归假定之外，也详细报告了城乡、教育、工作技能对因变量阶层认同不同类别序次的结果起了不同的作用，这些变量与阶层认同的关系不是简单的线性关系，因此不能使用定序 logit 回归模型。

要解决此问题，可以采用多分类 logistic 回归模型或者广义定序 Logit 回归模型[4]。此外，也有研究者出于研究简约性的考虑，忽略阶层认同变量指标的序次关系，对指标重新归类当作二分类变量，

---

[1] 王存同．进阶回归分析［M］．北京：北京高等教育出版社，2017：183.

[2] WOLFE，R. and GOULD，W. An approximate Likelihood – ratio Test for Ordinal Regression Models［M］. Stata Technical Bulletin. Texas：Stata Press，1988：24 – 27.

[3] ［美］廖福挺（Tim Futing Liao）．解释概率模型：Logit、Probit 以及其他广义线性模型［M］．周穆之，译．上海：格致出版社，上海人民出版社，2015：67.

[4] SCOTT，L. J. and FREESE，J. Regression Models for Categorical Dependent Variables using Stata［M］. Texas：Stata Press，2006：168.

采用二项 logit 回归模型，或者看作定距变量，采用多元线性回归模型，或者继续选择定序 logit 模型。根据研究的需要，这种做法无可厚非，但在变量分析中也忽视了对各自变量因素在阶层认同各个序次类别存在认同机制差异的思考和讨论。

多数研究将定序变量看作定类变量处理，采用多分类 logit 回归模型（Multinomial Logit Regression），但其不足在于丧失了因变量的排序等级信息特征，模型回归结果不能反映因变量的序次关系，因此也就无法利用因变量里面所有可用的信息[1]。并且，在多分类 logit 回归方程中，因变量各类别概率都相对于某一固定参照组概率建构起相应的发生比[2]，但在研究分析中，假定选定下层为参照组，分别与中下层、中层和上层比较得出的结论，即便较为显著，但对探讨影响阶层认同的因素机制分析的现实意义不大，人们在选择阶层地位时，是在邻近的选项中抉择。例如，收入高的人更多倾向于在上层和中层之间选择自己的阶层归属，不会在上层和下层之间进行比较。

基于此思虑，笔者尝试广义定序 Logit 回归模型（Generalized Ordered Logit），广义定序 logit 模型不要求数据必须满足平行回归假定，规避了使用定序 logit 模型的限制条件，在放宽比例发生比假定的条件下运用定序 logit 回归，是一种对定序 logit 模型假定条件弱化的模型，既能考虑因变量的序次等级，也使得模型回归的信息更加精确[3]。从这个角度看，广义定序 logit 模型是有序 logit 模型的优化，与二项 logit 回归模型和多元回归模型相比，更加充分、清晰地展现出对阶层认同的描述和解释。该模型也克服了多分类 logit 模型难以呈现因变量序次等级关系的弱点，同时有效规避了定序 logit 模型必

[1] ［美］廖福挺（Tim Futing Liao）. 解释概率模型：Logit、Probit 以及其他广义线性模型［M］. 周穆之，译. 上海：格致出版社，上海人民出版社，2015：62.

[2] 郭志刚. 社会统计分析方法：SPSS 软件应用［M］. 北京：中国人民大学出版社，2015：199.

[3] 杨婷怡，罗剑朝. 农户参与农村产权抵押融资意愿及其影响因素实证分析——以陕西高陵县和宁夏同心县 919 个样本农户为例［J］. 中国农村经济，2014，352（04）：42－57.

须满足比例发生比假定的问题。广义定序 logit 模型包含三种模型，文中采用较为常用的偏比例发生比模型（Partial Proportional Odds Models），即部分回归系数随因变量序次的变化而变化，而其他系数并不随之变化。其公式为：

$$P(Y_i > j) = \frac{exp(\alpha_j + X1_i\beta_1 + X2_i\beta_2 + X3_i\beta_3)}{1 + [exp(\alpha_j + X1_i\beta_1 + X2_i\beta_2 + X3_i\beta_3)]},$$

$$j = 1,2,\cdots,M - 1$$

公式中的 $M$ 代表因变量的类别数，回归模型的因变量阶层认同被分为 4 个序次类别，即 $M=4$；1，2，…，$M-1$ 表示有序多分类因变量的 $j$ 个类别等级：对于 $j=1$，则因变量类别 1 与类别 2、3、4 比较；对于 $j=2$，则因变量类别 1、2 与类别 3、4 比较；对于 $j=3$，则因变量类别 1、2、3 与类别 4 比较[1]。

[1] WILLIAMS，R. A. Generalized Ordered Logit/Partial Proportional Odds Models for Ordinal Dependent Variables [J]. The Stata Journal，2006，Vol. 6，58 – 82.

# 第六章　回归模型结果的分析

## 第一节　模型比较分析

在回归模型设定时，我们首先设置只含有年龄、性别与城乡控制变量的基础模型1（表6－1），在此基础上，对剩下的解释变量采用分组纳入，依次引入“生成性因素”（模型2）（表6－2）、“表征性因素”（模型3）（表6－3），最后建构一个包括所有变量的完整模型（模型4）（表6－4）。为简便解释自变量对因变量的影响程度，模型回归结果表中只列出了各自变量的发生比之比值，即OR（odds ratio）值。

下文从三个方面比较和检验生成性因素与表征性因素对阶层认同的影响。首先，比较模型结果表中显示的Nagelkerke决定系数$R^2$，它是参照线性回归中的确定系数$R^2$得到的伪确定系数，用以反映logistics回归中因变量被自变量解释的比例，从似然比角度测量模型的拟合程度。其次，检查新加入的解释变量组的模型在数据拟合水平上是否显著提高，该表提供对新纳入自变量组的卡方统计量及其检验结果。以上的伪决定系数和模型比较的似然比检验为大致把握模型的拟合情况和预测模型的解释能力提供了一定的信息，但其量度的实际意义并不真正明确。最后，尝试以第三种角度，通过回归模型对样本案例因变量值进行估计，然后检查有多少案例能够以此模型得到正确估计，将预测值与实际值（样本数据）进行比较，计算出整体的估计正确的百分比[1]。



**表 6－1 基础模型 1：对阶层认同的广义定序 logit 模型（$N=5901$）**

| 变量 | $y=1$ | $y=2$ | $y=3$ |
| --- | --- | --- | --- |
| 年龄 | 0.98*** | 1.00** | 1.00 |
| 性别 | 1.01 | 1.01 | 1.01 |
| 城乡 | 1.21** | 0.97 | 1.28*** |
| 常数 | 6.31*** | 0.95 | 0.03*** |
| Nagelkerke $R^2$ | 0.01 | | |
| 准确预测概率 | 38.52% | | |

显著性水平：* 表示 $p<0.05$；** 表示 $p<0.01$；*** 表示 $p<0.001$。

在基础模型中，年龄变量与城乡变量对阶层认同由低到高的渐进累积序次变化的作用效果（发生比）不相等，Nagelkerke 决定系数 $R^2$ 仅有 0.01，模型的拟合程度较差。生成性模型与基础模型相比，添加了教育、家庭收入、职业阶层、工作专业技能、工作管理地位、工作单位类型的生成因素变量组。模型 1 与模型 2 差异的似然比检验显示新增加变量组对阶层认同有显著影响［$LRchi2$（32）$=684.40$，$p<0.001$］，Nagelkerke 决定系数 $R^2$ 增加到 0.13，说明新添加的生成性因素变量组对阶层认同有显著的影响，模型 1 与模型 2 存在嵌套关系。基础模型 1 准确预测概率为 38.52%，生成性模型准确预测概率为 44.18%，生成性因素变量组在预测结果上提高 5.66 个百分点，证明生成性因素变量组对阶层认同的解释力和预测力较强。在生成性模型中，控制了其他变量后，家庭收入、教育、职业阶层、工作专业技能、工作管理地位、工作单位类别均对社会阶层认同产生显著影响并存在正向关系。教育、工作专业技能、工作管理地位对阶层认同四个序次类别的跃迁存在不同机制，家庭收入、

[1] 郭志刚．社会统计分析方法：SPSS 软件应用［M］．2 版．北京：中国人民大学出版社，2015：178.

职业阶层、工作单位类型对阶层认同存在相同的机制。下文完整模型中将对此现象进行深入的讨论。

**表 6-2 生成性模型 2：对阶层认同的广义定序 logit 模型（$N=5901$）**

| 变量 | | $y=1$ | $y=2$ | $y=3$ |
|---|---|---|---|---|
| 年龄 | | 1.00 | 1.01** | 1.02** |
| 性别 | | 0.93 | 0.93 | 0.93 |
| 城乡（农村地区） | | 0.74*** | 0.74*** | 0.74*** |
| 收入 | 低收入组 | — | — | — |
| | 中下收入组 | 1.62*** | 1.62*** | 1.62*** |
| | 中等收入组 | 2.34*** | 2.34*** | 2.34*** |
| | 中上收入组 | 3.49*** | 2.87*** | 2.47*** |
| | 高收入组 | 4.73*** | 4.73*** | 4.73*** |
| 教育 | 初中及以下 | — | — | — |
| | 高中 | 1.62*** | 1.16 | 1.03 |
| | 大学及以上 | 1.62** | 1.12 | 0.92 |
| 职业阶层 | 农业劳动者 | — | — | — |
| | 产业工人 | 0.53*** | 0.53*** | 0.53*** |
| | 商业服务人员 | 0.53*** | 0.53*** | 0.53*** |
| | 个体工商户 | 0.72 | 0.72 | 0.72 |
| | 办事人员 | 0.90 | 0.90 | 0.90 |
| | 专业技术人员 | 0.84 | 0.84 | 0.84 |
| | 企业经理人员 | 0.73 | 0.73 | 0.73 |
| | 私营企业主 | 0.81 | 0.81 | 0.81 |
| | 国家与社会管理者 | 0.99 | 0.99 | 0.99 |
| 工作专业技能 | 不需专业技能 | — | — | — |
| | 一些专业技能 | 1.24* | 1.25* | 0.78 |
| | 较高专业技能 | 1.49** | 1.49** | 1.49** |
| | 很高专业技能 | 1.47* | 1.47* | 1.47* |
| 工作单位类别 | 无单位个体 | — | — | — |
| | 私营企业 | 1.64** | 1.31 | 2.46*** |
| | 国有企业 | 1.90** | 1.34 | 3.01*** |

续表

| 变量 | | $y=1$ | $y=2$ | $y=3$ |
|---|---|---|---|---|
| 工作管理地位 | 只受别人管理 | — | — | — |
| | 既不受别人管理也不管理别人 | 1.52** | 1.52** | 1.52** |
| | 既管理别人又受别人管理 | 1.36** | 1.36** | 1.36** |
| | 只管理别人 | 1.81*** | 1.81*** | 1.81*** |
| 常数项 | | 0.89 | 0.21*** | 0.01* |
| Nagelkerke $R^2$ | | 0.13 | | |
| 准确预测概率 | | 44.18% | | |
| *LRchi2*（32） | | 684.40*** | | |

1. 显著性水平：*表示 $p<0.05$；**表示 $p<0.01$；***表示 $p<0.001$。
2. 似然比检验以模型1为基础，其他的模型与其相比的值。

模型3与模型1相比，添加了家庭支出、衣着消费、文化消费、是否拥有汽车和住房的表征性因素变量组，模型3与模型1的差异似然比检验显示新变量组对阶层认同有显著影响［*LRchi2*（9）=484.60，$p<0.001$)］，Nagelkerke决定系数 $R^2$ 增加到0.10，表征性模型准确预测概率为42.16%，说明新添加的表征性因素变量组对阶层认同有显著的影响，模型1嵌套在模型3中。从总体上看，两个模块变量组的引入都显著改进了模型的拟合程度，说明二者都具有独自的解释力。但是，模型3的似然比检验值、Nagelkerke决定系数 $R^2$ 和准确预测概率均小于生成性模型，因此，在这两个模型比较中，可以证明生成性因素对阶层认同的解释力和预测力高于表征性因素。在表征性模型中，控制了其他变量后，衣着消费、文化消费、汽车和住房都对阶层认同有显著的并且一致的正向关系。

**表6-3 表征性模型3：对阶层认同的广义定序logit模型（$N=5901$）**

| 变量 | $y=1$ | $y=2$ | $y=3$ |
|---|---|---|---|
| 年龄 | 1.00 | 1.01 | 1.02** |
| 性别 | 0.96 | 0.96 | 0.96 |
| 城乡（农村地区） | 0.97 | 0.77*** | 0.93 |

续表

| 变量 | $y=1$ | $y=2$ | $y=3$ |
| --- | --- | --- | --- |
| 家庭消费 | 1.22 | 1.07 | 1.17* |
| 教育消费（低消费组） | 0.95 | 0.95 | 0.95 |
| 衣着消费（低消费组） | 1.51*** | 1.51*** | 1.51*** |
| 文化消费（低消费组） | 1.39*** | 1.39*** | 1.39*** |
| 汽车（无汽车） | 1.97*** | 1.97*** | 1.97*** |
| 自有住房（没有自有住房） | — | — | — |
| 有一套自有住房 | 2.07*** | 2.07*** | 2.07*** |
| 有两套及以上自有住房 | 2.65*** | 2.65*** | 2.65*** |
| 常数项 | 0.15*** | 0.11*** | 0.00 |
| Nagelkerke $R^2$ | 0.10 | | |
| 准确预测概率 | 42.16% | | |
| *LRchi*2（9） | 484.60*** | | |

1. 显著性水平：* 表示 $p<0.05$；** 表示 $p<0.01$；*** 表示 $p<0.001$。
2. 似然比检验以模型 1 为基础，其他的模型与其相比的值。

模型 4 同时添加了生成性因素变量组和表征性因素变量组，是本书的完整模型，模型 4 与模型 1 的差异最大似然比检验呈现显著性［*LRchi*2（39） = 815.06，$p<0.001$］，Nagelkerke 决定系数 $R^2$ 增加到 0.15，完整模型准确预测概率为 45.08%，说明新添加的两个变量组对阶层认同有显著的影响。与生成性模型、表征性模型相比，完整模型的最大似然比检验值、Nagelkerke 决定系数 $R^2$ 和准确预测概率均是最大的，说明完整模型对阶层认同的方差解释力最强，两个变量组在完整模型中的发生比之比值有所减小，文化消费的影响不再显著，整体上比较稳健。

**表 6－4　完整模型 4：对阶层认同的广义定序 logit 模型（$N=5901$）**

| 变量 | $y=1$ | $y=2$ | $y=3$ |
| --- | --- | --- | --- |
| 年龄 | 1.00 | 1.01** | 1.02*** |
| 性别 | 0.91 | 0.91 | 0.91 |
| 城乡（农村） | 0.75*** | 0.75*** | 0.75*** |

续表

| 变量 | | y=1 | y=2 | y=3 |
|---|---|---|---|---|
| 收入 | 低收入组 | — | — | — |
| | 中下收入组 | 1.58$^{***}$ | 1.58$^{***}$ | 1.58$^{***}$ |
| | 中等收入组 | 2.19$^{***}$ | 2.19$^{***}$ | 2.19$^{***}$ |
| | 中上收入组 | 2.50$^{***}$ | 2.50$^{***}$ | 2.50$^{***}$ |
| | 高收入组 | 3.45$^{***}$ | 3.45$^{***}$ | 3.45$^{***}$ |
| 教育 | 初中及以下 | — | — | — |
| | 高中 | 1.57$^{***}$ | 1.10 | 0.94 |
| | 大学及以上 | 1.42$^{*}$ | 0.99 | 0.79 |
| 职业阶层 | 农业劳动者 | — | — | — |
| | 产业工人 | 0.59$^{***}$ | 0.59$^{***}$ | 0.59$^{***}$ |
| | 商业服务人员 | 0.59$^{***}$ | 0.59$^{***}$ | 0.59$^{***}$ |
| | 个体工商户 | 0.80 | 0.80 | 0.80 |
| | 办事人员 | 0.96 | 0.96 | 0.96 |
| | 专业技术人员 | 0.90 | 0.90 | 0.90 |
| | 企业经理人员 | 0.78 | 0.78 | 0.78 |
| | 私营企业主 | 0.91 | 0.91 | 0.91 |
| | 国家与社会管理者 | 1.04 | 1.04 | 1.04 |
| 工作专业技能 | 不需专业技能 | — | — | — |
| | 一些专业技能 | 1.22 | 1.21 | 0.75 |
| | 较高专业技能 | 1.44$^{**}$ | 1.44$^{**}$ | 1.44$^{**}$ |
| | 很高专业技能 | 1.42$^{*}$ | 1.42$^{*}$ | 1.42$^{*}$ |
| 工作单位类别 | 无单位个体 | — | — | — |
| | 私营企业 | 1.49$^{**}$ | 1.19 | 2.12$^{**}$ |
| | 国有企业 | 1.74$^{**}$ | 1.23 | 2.65$^{***}$ |
| 工作管理地位 | 只受别人管理 | — | — | — |
| | 既不受别人管理也不管理别人 | 1.41$^{**}$ | 1.41$^{**}$ | 1.41$^{**}$ |
| | 既管理别人又受别人管理 | 1.22$^{*}$ | 1.22$^{*}$ | 1.22$^{*}$ |
| | 只管理别人 | 1.67$^{**}$ | 1.67$^{**}$ | 1.67$^{**}$ |

续表

| 变量 | | y=1 | y=2 | y=3 |
|---|---|---|---|---|
| 家庭消费 | | 1.03 | 0.92 | 0.99 |
| 教育消费（低消费组） | | 0.93 | 0.93 | 0.93 |
| 衣着消费（低消费组） | | 1.28 *** | 1.28 *** | 1.28 *** |
| 文化消费（低消费组） | | 1.15 | 1.15 | 1.15 |
| 汽车（无汽车） | | 1.66 *** | 1.66 *** | 1.66 *** |
| 自有住房 | 没有自有住房 | — | — | — |
| | 有一套自有住房 | 1.88 *** | 1.88 *** | 1.88 *** |
| | 有两套及以上住房 | 2.22 *** | 2.22 *** | 2.22 *** |
| 常数项 | | 1.72 | 0.24 | 0.00 |
| Nagelkerke $R^2$ | | 0.15 | | |
| 准确预测概率 | | 45.08% | | |
| *LRchi*2（39） | | 815.06 *** | | |

1. 显著性水平：* 表示 $p<0.05$；** 表示 $p<0.01$；*** 表示 $p<0.001$。
2. 似然比检验以模型 1 为基础，其他的模型与其相比的值。

## 一、控制变量解释

在完整模型 4 中，对阶层认同的广义定序 logit 模型中，$y=1$ 表示因变量阶层认同中的社会下层类别与中下层、中层和上层类别的比较；$y=2$ 表示因变量阶层认同中的社会下层、中下层类别与中层、上层类别的比较；$y=3$ 表示因变量阶层认同中的社会下层、中下层、中层类别与社会上层类别的比较。在控制变量中，在 $y=1$ 时，年龄的大小对阶层认同的影响不显著，年龄的变化对个体选择社会下层和非下层类别没有显著的影响；在 $y=2$ 时，年龄增长一岁，个体选择社会中层、上层类别的发生比是选择社会下层、中下层类别的 1.01 倍（$p<0.01$）；在 $y=3$ 时，年龄增长一岁，个体选择社会上层类别的发生比是选择社会下层、中下层、中层类别的 1.02 倍（$p<0.001$）。对于 $y=2$ 和 $y=3$ 时的类别比较，年龄大小对个体选择社

会较高阶层有显著影响。年龄的增长对阶层认同类别次序的每次跃迁产生不一致的影响。笔者尝试加入年龄的平方变量，但是年龄的平方变量并不显著，说明年龄对阶层认同并不存在倒“U”形关系。个体的收入、职业等因素随着年龄的增长不断增长，家庭财富不断增加，倾向选择较高的阶层认同。而如果随着年龄的增长，个人的收入、职业并没有预期的增长，依然认为生活在社会底层或中下层，那么年龄的增长不会带来阶层认同的提升。

性别变量对阶层认同的影响不显著，城乡变量对阶层认同类别次序的每次跃迁产生一致的显著影响。城镇居民选择较高阶层认同的发生比值是农村地区居民的 0.75 倍（$p<0.001$）。与生活在农村地区的居民相比，生活在城镇地区的居民偏向较低的阶层认同。如何解释生活在农村地区的居民在阶层认同上高于生活在城镇地区居民呢？范晓光、陈云松使用 2003—2012 年 CGSS 和 CSS 的全国综合调查数据，发现大多数的城镇户籍居民在评价自己的阶层归属时倾向低估自身真实的客观阶层地位，相反，大多数农业户籍居民高估其客观的阶层地位。并且，农村居民的“高估”与城镇居民的“低估”存在比较稳定的趋势。生活在农村地区的居民几乎全部是农业户籍居民，而生活在城镇地区的居民有城镇户籍居民也有农业户籍居民。

由于农村地区紧密的社区生活和熟人社会使得其社会整合程度强于城镇地区，农村地区居民在主要社会范畴化的类别上相似度较高，集中体现为初中及以下教育、较低的职业技能、无固定的工作单位，社会范畴化内的区分性小，生活的边界比较固定，因此农村地区居民比较倾向选择农村社区的内群体作为比较的参考框架群体。城镇地区居民在选择参考框架群体时也会选择有稳定社会直接交往关系的内群体，但是城镇地区居民的流动性较强，在自有房产、职业技能、工作单位类型、家庭教育、文化消费等各个社会范畴化方面有明显的差异和区分性，有房群体与无房群体的比较、有车一族与无车一族的比较、国企员工与私企员工的比较、白领阶层与蓝领阶层的比较等不同群体之间比较产生群体层次上的相对剥夺感，群体相对剥夺感在社会舆论与社会氛围的影响下作为中介过程影响个人的相对剥夺感，个体层次的相对剥夺感与群体层次的相对剥夺感的叠加交互作用显著[1]。这种社会范畴的外群体的显著相对剥夺感使得城镇地区居民的阶层认同程度低于农村地区居民。

## 二、生成性因素解释

家庭收入显著影响居民的阶层认同。仔细分析，在阶层认同每个序次类别中，以低收入组为参照类别，中下收入组、中等收入组、中上收入组和高收入组个体选择社会较高的阶层认同比数分别是低收入组的1.58倍、2.19倍、2.50倍和3.45倍（$P<0.001$），收入越高，越倾向选择较高的阶层认同。五个收入组对阶层认同的影响一致并存在显著的正向关系，对阶层认同由低到高的渐进累积序次变化的作用效果（发生比之比）是相等的。随着收入的增加，阶层认同的序次类别也会提高，二者呈线性关系，假设1.1得到证实。

教育仅仅在$y=1$表示因变量阶层认同中的社会下层类别与中下层、中层和上层类别的比较时，对阶层认同有显著影响。获得高中教育水平的个体对社会中下层、中层或上层的认同比数是初中及以下教育水平的1.57倍（$P<0.001$），获得大学及以上教育水平的个体对社会中下层、中层或上层的认同比数是初中及以下的1.42倍（$P<0.05$），说明与拥有初中及以下教育程度的个体相比，拥有高中教育与大学及以上教育水平的个体倾向选择更高的阶层认同，但是初中及以下与高中教育水平的差别更为明显，显著性更高，而对于$y=2$和$y=3$时的类别比较中，获得高中教育水平、大学及以上教育水平与初中及以下教育水平在个体的阶层认同上无显著

[1] 孙灯勇，郭永玉．相对剥夺感：想得、应得、怨愤于未得［J］．心理科学，2016（03）：714－719．

差异，说明在较高的阶层认同类别比较中，教育程度对阶层认同的作用并不显著，教育对阶层认同由低到高的渐进累积序次变化的作用效果是存在差异的，因此，教育仅在社会下层类别与中下层、中层和上层类别的比较时，对阶层认同有显著影响，二者不是线性关系，假设1.2得到部分证实。高中教育的高强度抽象知识训练使得高中生在知识接受能力上比初中生强，他们走向社会之后，接受再教育和培训的可能性比初中生更多，有更多更好的教育机会，高中教育也是对个体分类的重要阶段，从高中走向社会、普通大学与名牌大学的学生在日后的职业、生活机会结构上有较大的差异。

在职业阶层变量中，产业工人与商业服务人员选择较高社会阶层认同的比数均是农业劳动者的0.59倍（$P<0.001$），产业工人与商业服务员的阶层认同归属显著低于农业劳动者阶层，与农业劳动者的阶层认同相比，产业工人与商业服务人员倾向选择更低的阶层认同归属。个体工商户、办事人员、专业技术人员、企业经理人员、私营企业主、国家与社会管理者对阶层认同归属选择与农业劳动者之间无显著差异，因此，职业对阶层认同有显著影响，但并不是随着职业阶层的提高，阶层认同的序次类别也会提高，模型结果比较复杂，假设1.3可以说没有得到证实。在这九个职业阶层中，产业工人与商业服务人员的阶层认同最低，在改革开放前，产业工人与商业服务人员具有较高的社会地位，但随着国有企业改革和市场经济发展，二者的经济收入相对下降，工作门槛降低并不稳定，社会保障程度不高，他们当中有很大一部分是由农业劳动者流入这个阶层，二者本身的社会经济地位不高，在城镇高房价的压力下，加上在与个体工商户、办事人员、专业技术人员的频繁接触中容易产生不满和相对剥夺感，因此产业工人与商业服务人员的阶层认同低于其他阶层。除此之外，职业阶层对阶层认同由低到高的渐进累积序次变化的作用效果是相等的。

职业技能对阶层认同有显著影响，但是并非是职业技能增加，阶层认同也相应提高。工作中需要一些专业技能的个体与不需要技能的个体在阶层认同上无显著差异，需要较高技能的个体选择较高阶层认同的发生比数是不需要技能的 1.44 倍（$P < 0.001$），需要很高专业技能的个体选择较高阶层认同的发生比数是不需要技能的个体的 1.42 倍（$P < 0.05$）。在模型使用的数据中，大部分农业劳动者是工作中不需要专业技能群体的主要组成部分，一部分农业劳动者、产业工人、商业服务人员和办事人员构成工作中需要一些专业技能群体的重要组成部分，职业技能对二者在阶层认同的影响无显著差异。只有工作中需要较高专业技能和很高专业技能才对阶层认同有显著的影响，工作所需的技能程度对阶层认同的影响存在断层效应，如果把工作中不需要专业技能与需要一些专业技能合并为无技术资源者，将工作中需要较高技能与需要很高技能合并为有技术资源者，那么我们可以清晰地看到工业化、城市化、市场化使得有技术资源者与无技术资源者之间的差异拉大，各个省市为了发展经济，出台多项“真金白银”的政策措施来吸引专业技术人才，为技术资源者提供条件优渥的年薪收入、发展平台与配套资金，可以预见在不久的将来有技术资源者与无技术资源者之间的社会经济地位与阶层鸿沟将进一步扩大。这种现实差异影响到人们主观阶层认同归属的选择。并且很高专业技能的个体在阶层认同的发生比数低于较高专业技能，二者在阶层认同上呈现相反的方向。按照常识，工作中职业技能很高的群体在组织中获得很高的经济报酬和社会地位，工作时间更加灵活自主，为何在选择较高阶层认同上低于拥有较高职业技能人员，这可能与职业技术很高的个体所选择的参考群体与心理预期有关。组织中高级技术工程师与企业的上层管理者直接接触较多，往往会有选择这个群体作为比较的参考群体，但是高级工程师在薪资报酬与权力上低于企业上层管理者，收入没有达到心理理想预期，所以在阶层认同上低于技术水平没有那么高的群体。因此，假设 1.4 没有得到证实。

单位类别依然是影响阶层认同的重要变量，但工作单位类型对阶层认同类别次序的每次跃迁有不一致的影响。在 $y=1$ 社会下层类别与中下层、中层和上层类别的比较中，私营企业工作成员对社会中下层、中层和上层的阶层认同发生比是无工作单位个体的 1.49 倍（$P<0.01$），国有企业员工对社会中下层、中层和上层的阶层认同发生比是无工作单位个体的 1.74 倍（$P<0.01$）。在 $y=3$ 社会下层、中下层、中层类别与上层类别的比较中，私营企业工作人员对社会上层的阶层认同发生比是无工作单位个体的 2.12 倍（$P<0.01$），国有企业工作员工对社会上层的阶层认同发生比是无工作单位个体的 2.65 倍（$P<0.001$），私营企业与国有企业的发生比之比数值均大于 $y=1$ 时的数值，说明社会非上层与上层的比较中，个体所在的单位类型更加显著影响个体的阶层认同归属，并且，与无单位的个体相比，国有企业选择较高阶层认同的发生比高于私营企业，在这两个类比的比较中，个体的工作单位类型显著影响个体的阶层认同。但是在 $y=2$ 社会下层、中下层类别与中层、上层类别的比较中，工作单位类型对阶层认同没有显著影响。因此，在下层类别比较选择与上层类别比较选择中，工作单位类型显著影响个体的阶层认同，国有企业与私有企业员工的阶层认同显著高于无工作单位的个体，随着工作单位类别的提升，阶层认同的序次类别也会提高，人们在中下层与中层归属比较选择中，工作单位类型没有显著影响。工作单位类型对阶层认同由低到高的渐进累积序次变化的作用效果存在差异，假设 1.5 只是得到部分证实。

国有企业和私营企业工作的个体比无工作单位的个体倾向选择更高的阶层认同，国有企业员工选择较高阶层认同的可能性高于私营企业员工。由于国家的经济体制改革，国有企业作为单位制的形式之一，在规模和结构上都发生了巨大变化。一方面，在国企改革“抓大放小”的倡导下，许多中小国有企业与多数集体企业被重组、倒闭或转制，国企改革后，顽强生存下的国有企业自主性不断扩大，内部的利益渐渐增长，各项技术与管理规范比较健全并且行之有效，国企内部员工的社会福利不断改善[1]，收入水平稳中有升。另一方面，私营企业迅速发展，管理越来越规范化，社会福利水平不断完善，员工的工资近年有很大的提升。但是，国有企业与私营企业在工资、福利水平上仍然存在一定差异。2017 年，全国城镇非私营单位就业人员年平均工资为 74318 元，私营单位就业人员年平均工资为 45761 元，工资水平直接显示出在非私营单位与私营单位工作的个体的收入差异，工作单位类型依然是影响薪资报酬与社会资本的重要变量，非私营单位工作所获得的生活确定性与福利待遇依然吸引年轻人，在老百姓的心目中依然有较高的声望。

在工作管理地位变量中，既不受别人管理也不管理别人的农业劳动者与自营工商户选择较高阶层认同的比数是只受别人管理的个体的 1.41 倍（$P<0.01$），既管理别人又受别人管理的个体选择较高阶层认同的比数是只受别人管理的个体的 1.22 倍（$P<0.05$），只管理别人的精英群体选择较高阶层认同的比数是只受别人管理的个体的 1.67 倍（$P<0.01$），农业劳动者阶层与自营工商户在工作上既不受别人管理也不管理别人，工作的自由度较大，因此其阶层认同也高于只受别人管理的个体。在组织中既管理别人又受别人管理的小组组长、项目经理、部门经理等中层管理者的阶层认同归属高于只受别人管理没有任何支配权力的底层员工。只管理别人的企业主、党政组织的最高领导者因为其对工作支配权和社会资本的占有而选择较高阶层认同的发生比之比数最大。因此，工作中管理地位对阶层认同有显著影响。随着在组织中工作管理地位的提升，阶层认同的序次类别也会提高，假设 1.6 得到证实。

## 三、表征性因素解释

在控制了其他变量后，家庭消费支出、教育消费支出与文化消

[1] 刘平，王汉生，张笑会．变动的单位制与体制内的分化——以限制介入性大型国有企业为例［J］．社会学研究，2008（03）：56－78.

费支出对阶层认同的影响并不显著，假设2.1、假设2.2与假设2.4没有得到证实。衣着高消费组的个体选择较高阶层认同的比数是衣着低消费组的1.28倍（$P<0.001$），衣着消费对阶层认同影响均显著并存在一致的正向关系，衣着消费越高，阶层认同级序越高，说明服装费用支出的社会区分功能比较明显，对阶层认同有显著影响。家庭有汽车的个体倾向选择较高阶层认同的比数是家庭没有汽车的1.66倍（$P<0.001$），说明虽然汽车正在走向普通家庭，但它的身份符号象征的作用依然明显。个人家庭有一套自有住房倾向选择较高阶层认同的比数是无自有住房的个人的1.88倍（$P<0.001$），与家庭没有自有住房的人相比，家庭有自有住房个人倾向选择更高的阶层认同，有房产和无房产的区分影响到人们对自己的心理阶层归属。家庭有两套及以上自有住房倾向选择较高阶层认同的比数是无自有住房的2.22倍（$P<0.001$），家庭有两套及以上自有住房的个人的阶层认同发生比之比数更高，在投资房产增加财富的热潮下，房产所代表的财富积累深入影响了人们对自己的阶层定位[1]。以上可以看出，家庭服装消费支出、住房和汽车对阶层认同有显著的正向影响，随着衣着消费、汽车、住房的增加，阶层认同的序次类别分别也会提高。假设2.3、假设2.5与假设2.6得到证实。

显然住房价格的上涨这一社会现象，引发百姓对贫富差距的思考，社会成员在讨论或交流对这一现象的看法时总是借用熟悉的科学知识或社会信念，如城镇化、农村人口向城市流动、政府管控以及日本、韩国住房价格变化历史经验予以锚定解释，经过开发商的炒作和媒体的宣传，再形成新的具象化表征，由此形成对住房的一般社会共识，即新的集体表征形式。而由住房价格上涨引发的社会焦虑、恐慌、羡慕、怨恨等心理状态正是在这样的社会共识基础上经由个体认同形成的群体心理发酵、膨化而成。

---

[1] 张海东，杨城晨．住房与城市居民的阶层认同——基于北京、上海、广州的研究[J]．社会学研究，2017，32（05）：39－63.

## 第二节　阶层认同对住房、汽车的影响

根据消费影响阶层认同，阶层认同反过来也影响消费的认同理论，用以下两个模型来检验阶层认同对住房和汽车的影响是否显著。

表6－5呈现的是阶层认同对住房广义定序logit模型5的回归结果，$y=1$表示因变量住房变量中的无自有住房类别与有一套自有住房、有两套及以上自有住房类别的比较，$y=2$表示因变量住房变量中的无自有住房、有一套自有住房类别与有两套及以上自有住房类别的比较。在控制了其他自变量的情况下，年龄对自有住房有显著影响，年龄增长一岁，个体占有一套自有住房和有两套及以上自有住房的比数是无自有住房的1.02倍（$p<0.01$）。收入对自有住房有显著影响，中下收入组、中等收入组与低收入组在占有住房上无显著差异。中上收入组拥有一套自有住房和两套及以上自有住房的发生比是低收入组的1.55倍（$P<0.001$），高收入组是低收入组的2.60倍（$P<0.001$）。只有收入达到中上收入组时才对住房有显著影响，在此基础上收入增加得越多，拥有一套自有住房和两套及以上的概率越大，收入对住房存在断层效应。

**表6－5　模型5：阶层认同对住房的广义定序logit模型（$N=5901$）**

| 变量 | | $y=1$ | $y=2$ |
|---|---|---|---|
| 年龄 | | 1.02*** | 1.02*** |
| 性别 | | 0.78 | 1.29** |
| 城乡（农村） | | 0.30*** | 1.01 |
| 收入 | 低收入组 | — | — |
| | 中下收入组 | 1.07 | 1.07 |
| | 中等收入组 | 1.17 | 1.17 |
| | 中上收入组 | 1.55*** | 1.55*** |
| | 高收入组 | 2.60*** | 2.60*** |

续表

| 变量 | | y=1 | y=2 |
|---|---|---|---|
| 教育 | 初中及以下 | — | — |
| | 高中 | 1.08 | 1.08 |
| | 大学 | 1.28 | 1.28 |
| 职业阶层 | 农业劳动者 | — | — |
| | 产业工人 | 0.19*** | 0.67* |
| | 商业服务人员 | 0.11*** | 0.64* |
| | 个体工商户 | 0.09*** | 0.51** |
| | 办事人员 | 0.15*** | 0.66 |
| | 专业技术人员 | 0.18*** | 0.57* |
| | 企业经理人员 | 0.09*** | 0.73 |
| | 私营企业主 | 0.05*** | 0.56 |
| | 国家与社会管理者 | 0.62 | 0.62 |
| 工作专业技能 | 不需要专业技能 | — | — |
| | 一些专业技能 | 1.01 | 1.01 |
| | 较高专业技能 | 1.07 | 1.07 |
| | 很高专业技能 | 1.05 | 1.05 |
| 工作单位类别 | 个体 | — | — |
| | 私营企业 | 1.63** | 1.63** |
| | 国有企业 | 1.33 | 1.33 |
| 工作管理地位 | 只受别人管理 | — | — |
| | 既不受别人管理也不管理别人 | 1.18 | 1.18 |
| | 既管理别人又受别人管理 | 1.04 | 1.04 |
| | 只管理别人 | 1.02 | 1.02 |
| 家庭消费 | | 1.45*** | 1.45*** |
| 教育消费（低消费组） | | 1.20 | 0.82* |
| 衣着消费（低消费组） | | 1.02 | 1.02 |
| 文化消费（低消费组） | | 1.05 | 1.05 |
| 汽车（无汽车） | | 1.60*** | 1.60*** |

续表

| 变量 | | $y=1$ | $y=2$ |
|---|---|---|---|
| 阶层认同 | 下层 | — | — |
| | 中下层 | 1.87*** | 0.93 |
| | 中层 | 2.58*** | 1.16 |
| | 上层 | 1.46 | 1.46 |
| 常数项 | | 0.51 | 0.00 |

显著性水平：* 表示 $p<0.05$；** 表示 $p<0.01$；*** 表示 $p<0.001$。

职业阶层与阶层认同对自有住房的变化影响不一致。职业阶层对阶层认同有显著影响，在 $y=1$ 时，与农业劳动者相比，除了国家与社会管理者阶层之外，其他七个阶层的有一套自有住房和两套及以上自有住房的发生比数小于农业劳动者阶层。在 $y=2$ 时，办事人员、企业经理人员、私营企业主、国家与社会管理者在两套及以上自有住房的发生比数上与农业劳动者阶层无显著差异，即他们在占有两套及以上自有住房的程度上与农业劳动者阶层无显著差异，而产业工人、商业服务人员、个体工商户与专业技术人员在两套及以上自有住房的发生比数上小于农业劳动者阶层，即他们占有两套及以上自有住房的程度小于农业劳动者阶层。这里需要解释，农村的住宅存在一户多宅的现象，但在房屋市场价值上，城镇住房远超农村住宅，难以比较。阶层认同对住房有显著影响，把自己定位在中下层、中层的个体拥有自有住房的发生比数分别是选择下层个体的 1.87 倍和 2.58 倍（$P<0.001$）。而上层与下层在拥有自有住房上没有统计上的显著差异。说明中下层和中层的阶层认同对占有住房有显著正向影响，中层阶层认同的个体占有住房的发生比之比最高。但是在 $y=2$ 时，阶层认同变量对自有住房没有显著影响。

表 6-6 呈现的是阶层认同对汽车的二项 logit 回归模型 6 的结果，在控制了其他变量的情况下，收入越高，占有汽车的发生比之比越高；教育程度越高，占有汽车的发生比之比越高；农业劳动者的汽车占有的发生比数与商业服务人员、个体工商户、办事人员、

专业技术人员、企业经理人员、私营企业主、国家与社会管理者无显著差异，产业工人阶层的汽车占有发生比低于农业劳动者阶层。工作管理地位对汽车占有有显著影响，工作中既不受别人管理也不管理别人的农业劳动者和自营的个体工商户占有汽车的发生比是只受别人管理的个体的1.60倍（$P<0.001$）；既管理别人又受别人管理的个体占有汽车的发生比是只受别人管理的个体的1.55倍（$P<0.001$）；只管理别人的个体占有汽车的发生比是只受别人管理的个体的1.87倍（$P<0.001$），抛开工作比较自由的既不受别人管理也不管理别人的个体，在工作中拥有的支配权力越大，占有汽车的发生比之比也越大。

**表6-6 模型6：阶层认同对汽车的二项logit模型（$N=5901$）**

| 变量 | | 发生比之比 |
|---|---|---|
| 年龄 | | 0.99* |
| 性别 | | 1.11 |
| 城乡（农村） | | 0.95 |
| 收入 | 低收入组 | — |
| | 中下收入组 | 1.26 |
| | 中等收入组 | 1.47** |
| | 中上收入组 | 2.22*** |
| | 高收入组 | 3.05*** |
| 教育 | 初中及以下 | — |
| | 高中 | 1.39** |
| | 大学 | 1.48** |
| 职业阶层 | 农业劳动者 | — |
| | 产业工人 | 0.59** |
| | 商业服务人员 | 0.82 |
| | 个体工商户 | 0.87 |
| | 办事人员 | 0.85 |
| | 专业技术人员 | 0.85 |
| | 企业经理人员 | 0.75 |
| | 私营企业主 | 0.65 |
| | 国家与社会管理者 | 0.97 |

续表

| 变量 | | 发生比之比 |
|---|---|---|
| 工作专业技能 | 不需要专业技能 | — |
| | 一些专业技能 | 1.19 |
| | 较高专业技能 | 1.01 |
| | 很高专业技能 | 1.43 |
| 工作单位类别 | 个体 | — |
| | 私营企业 | 1.56* |
| | 国有企业 | 1.42 |
| 工作管理地位 | 只受别人管理 | — |
| | 既不受别人管理也不管理别人 | 1.60** |
| | 既管理别人又受别人管理 | 1.55*** |
| | 只管理别人 | 1.87** |
| 家庭消费 | | 1.86*** |
| 教育消费（低消费组） | | 1.15* |
| 衣着消费（低消费组） | | 1.37*** |
| 文化消费（低消费组） | | 1.58*** |
| 自有住房（无住房） | | |
| 有一套住房 | | 1.56* |
| 有两套及以上住房 | | 2.49*** |
| 阶层认同（下层） | | — |
| 中下层 | | 1.32* |
| 中层 | | 2.01*** |
| 上层 | | 2.61*** |
| 常数项 | | 0.00 |

显著性水平：*表示 $p<0.05$；**表示 $p<0.01$；***表示 $p<0.001$。

家庭消费、教育消费、衣着消费、文化消费对是否拥有汽车有正向显著影响。住房对汽车占有情况有显著影响，有一套自有住房的个体占有汽车的发生比数是无自有住房的1.56倍，但仅在 $P<0.05$ 的情况下显著，说明只是微弱显著。但是有两套及以上自有住房拥有汽车的发生比数是无自有住房的2.49倍（$P<0.001$），不仅

数值增加，显著程度也提高很多。在有一套自有住房的家庭中，由于经济资本的限制，占有汽车的情况低于两套及以上自有住房的家庭。阶层认同对是否拥有汽车有正向显著影响，认同社会中下层的个体有车的发生比是选择下层认同的 1.32 倍（$P<0.001$），认同社会中层的个体有车的发生比是选择下层认同的 2.01 倍（$P<0.001$），认同社会上层的个体有车的发生比是选择下层认同的 2.61 倍。与社会下层认同，阶层认同越高，有车的发生比之比越高。

## 第三节 小 结

从生成性模型 2 与基础模型 1 相比，以家庭收入、教育、职业阶层、工作专业技能、职业管理位置、工作单位类型为基础的生成性因素对阶层认同有显著影响，模型 1 与模型 2 差异的似然比检验非常显著，生成性因素变量组 Nagelkerke 决定系数 $R^2$ 增加 12 个百分点，在准确预测结果上提高 5.66 个百分点，对阶层认同的解释力和预测较强。假设 1 得到证实。生成性模型 3 与基础模型 1 相比，由家庭消费、家庭教育支持、家庭文化支出、家庭服装支出、汽车和住房构成的表征性因素对阶层认同有显著影响，模型 3 与模型 1 的差异似然比检验显示表征性因素变量组对阶层认同有显著影响，Nagelkerke 决定系数 $R^2$ 增加 9 个百分点，在准确预测结果上提高 3.64 个百分点，对阶层认同的解释力和预测较强，假设 2 得到证实。生成性模型 2 的似然比检验值、Nagelkerke 决定系数 $R^2$ 和准确预测概率均大于表征性模型，在此数据模型分析中，生成性因素对阶层认同的解释力要比表征性因素更强，起着更为基础的作用。从模型 5 阶层认同对住房的广义定序 logit 模型和模型 6 阶层认同对汽车的二项 logit 模型中可以看出，阶层认同对住房有显著正向影响，但是呈现非线性关系。阶层认同对汽车有显著正向影响。

# 第七章　从参考群体理论讨论阶层认同影响因素

## 第一节　参考群体选择对城乡阶层认同的影响

参考群体选择是相对剥夺感产生的比较基础。人们对自身社会地位的评价会把客我“me”考虑进去，在与他者的互动中形成自我评价。自我评价既包含对社会结构的客观现实的反思，也包括对“概化他人”的内化。这个“他者”如何选择？个体所处的社会结构情境的变化影响个体参考群体的选择，相对剥夺感产生于个体与参考群体比较的结果与主观感受。相对剥夺感不只是比较认知层面，还包括情感层面。在何种社会既定情境下，个体选择内群体还是社会范畴的外群体，其中还牵扯到与个体过去、未来的比较。在与参考群体的比较过程中产生相对剥夺感。个体倾向选择哪个群体作为自己的参考群体呢？个体在何种社会情境、选择哪种参考群体比较、如何比较等均影响个体的阶层评价。

在中国传统文化中，中庸生活哲学的保持中正平和是个人维持心理健康与内在平衡的保障。中庸的核心就是主张“执两用中”，“中”的含义就是“无过无不及”。古人把中庸解释为不偏不倚，“中”的状态即为保持平静、安宁与祥和，内外合一是中庸之道的重要组成部分，为了寻求内心的平衡，人们常常说比上不足、比下有余，这种中庸的人生哲学可以应用到一切有关态度的评价上，倾向选择中间数，选择一般或中等。在自己的主观态度评价时，个体往往会选择比自身社会经济地位高的人比较，也会与比自身社会经济地位低的人比较，给出综合的评价。具体到社会阶层认同上，个体常常会认为自己生活在社会中层。在一次访谈中，被访者是一位非物质文化传承人，即现在常说的匠人，访谈是在他的工作坊进行的，当问到他在当地的社会经济地位属于哪个层次时，他说应该是中下层吧，因为他们做的银饰卖给了零售商，零售商赚了较多钱，而他的收入相对较少，所以算是中下层。但是这时他身旁的徒弟认为师傅应该属于中上层，他一个月至少有 6000 元以上的收入，又有十几个徒弟跟着学习手艺，比他们强很多，这时候师傅改口说综合比较上看他应该属于社会中层。社会比较的情境结构发生变化带来阶层归属的变化。

从下表 7 – 1 中可以看出，在 5901 被访者的数据中，81. 19% 的农业劳动者生活在农村地区，18. 81% 的生活在城镇地区，多数的农业劳动者集中生活在农村地区。相反，七成以上的产业工人生活在城镇地区，八成以上的商业服务人员、个体工商户、办事人员、专业技术人员、企业经理人员、国家与社会管理者生活在城镇地区。农业劳动者占有的经济资源、文化资源和组织资源远低于产业工人、商业服务人员、个体工商户、办事人员、专业技术人员、企业经理人员、国家与社会管理者，由于城乡二元户籍的限制，他们占有的社会经济条件、社会保障资源与职业向上流动的机会远远小于后者。那么为什么农业劳动者的阶层认同要高于产业工人和商业服务人员，并与个体工商户、办事人员、专业技术人员、企业经理人员、国家与社会管理者无显著差异呢？从表 7 – 1 中看，农业劳动者与其他阶层成员的重要差异体现在居住和生活的环境上，数据中八成以上的农业劳动者生活在农村地区，所生活的农村地区的亲属关系、朋友关系、同乡关系等这些具有稳定直接交往关系的内群体成员往往成为农业劳动者选择阶层认同的重要参考群体，农村的同质性较强，相对剥夺感较低，因此可以理解农村地区居民阶层认同表现出一定的“趋中”特征。多数的产业工人、商业服务人员、个体工商户、办事人员、专业技术人员、企业经理人员、国家与社会管理者生活在城镇地区，城镇地区的社会异质性较强，他们比较容易选择不同的社会范畴外群体作为自己的参考群体，相对容易产生较强的相对剥夺感。

**表 7－1　职业阶层与城乡地区分类表**

| | 农村地区居民占比（%） | 城镇地区居民占比（%） | 合计（人） |
|---|---|---|---|
| 农业劳动者 | 81.19 | 18.81 | 3355 |
| 产业工人 | 25.50 | 74.50 | 698 |
| 商业服务人员 | 13.19 | 86.81 | 546 |
| 个体工商户 | 18.58 | 81.42 | 339 |
| 办事人员 | 7.32 | 92.68 | 328 |
| 专业技术人员 | 10.92 | 89.08 | 403 |
| 企业经理人员 | 6.02 | 93.98 | 83 |
| 私营企业主 | 9.78 | 90.22 | 92 |
| 国家与社会管理者 | 17.54 | 82.46 | 57 |

注：村干部被归为国家与社会管理者阶层。

自 20 世纪 90 年代以来，资源日益向上层积聚，生活在农村地区的农业劳动者经济收入不高，受教育水平较低，就业不稳定，社会资源占有比较匮乏，从农业上获得的收入占家庭总收入的比重微不足道，虽然市场机制为农业劳动者的向上流动提供大量的机会，但城乡“二元”户籍制度及其衍生的其他制度政策阻碍农民向上层社会流动。城市地区也正在经历一场不可逆的产业结构调整和空间结构升级，传统职业被现代职业所取代，受制于当地的产业结构调整，导致对教育要求较低的岗位减少，农民工、失业人员等群体由于无法与新兴产业进行有效对接，在激烈的社会竞争中往往被甩到社会分工的边缘位置[1]，加剧了农业劳动者阶层与城市主流经济组织系统的断裂[2]。农业劳动者阶层向上层社会流动的阻力增加并且流动途径不断变窄，长距离社会流动的可能性明显减少，与优势阶层的距离不断拉大。此外，还有农民工被排斥在城市公共服务与社会保障体系之外，农村地区的农业劳动者阶层和城镇地区居民之间缺乏有效的整合机制，城乡之间的断裂日益明显。[3]农业劳动者阶层与其他阶层群体的鸿沟日渐加深。

农民工从农村流动到城市，工作与生活的环境发生了变化，原有的农村环境下工作、生活方式、消费习性根深蒂固，农民工在城镇务工时精神上比较孤独找不到归属感，很难融入当地居民的生活中，成为匆匆的过客。他们将在城镇挣的工资寄回故乡，用来盖新房、买汽车、赡养父母、抚养子女、维持家用，等等，农民工和当地农民的群体归属在农村地区，其土生土长的农村地区是这些候鸟式农民工选择阶层认同的重要参考群体。新生代农民工受城镇居民的影响，向往城镇光鲜的生活，学习城镇居民的生活方式，想通过各种策略积极融入城镇生活，但原有农村地区的亲情、生活方式、观念流淌在血液里，融化在骨子里，无法割舍，现有城镇地区的生活归属又难以顺利融入和建构，出现身份归属的认同危机，容易丧失自我认同的连续性与同一性。从总体上看，农村地区紧密的亲人与熟悉的朋友依然是农业劳动者阶层认同归属的参考群体。人们偏好用阶层地位最高的社会范畴来定义自己的社会阶层地位。但是农村地区居民一般在教育程度、职业阶层、职业技能等方面比较相似，多数人主要集中在初中及以下受教育程度、农业劳动者阶层、较低的工作职业技能，没有非常鲜明的区分性，社会同质性较强，家庭

[1] 文军，吴晓凯．大都市底层社会的形成及其影响——以上海市的调查为例［J］．华东师范大学学报（哲学社会科学版），2015，47（05）：84－93.

[2] ［美］威廉·朱莉叶斯·威尔逊．真正的穷人——内城区、底层阶级和公共政策［M］．成伯清，鲍磊，张戌凡，译．上海：上海人民出版社，2008：3－29.

[3] 孙立平．我们在开始面对一个断裂的社会？［J］．战略与管理，2002（02）：9－15.

伦理本位和家族亲情在农村居民的婚丧嫁娶的重大事件中仍扮演重要角色，本地本村居民稳定的社会交往关系的内群体是农村地区居民个体阶层认同的非常重要的参考群体，而由教育程度、职业阶层、职业技能等社会范畴构成的外群体并不是重要的参考群体。但是汽车和住房是农村地区居民阶层认同考虑的重要社会范畴，在农村地区，住房条件、出行条件没有改善的家庭在比较中容易产生“矮人一头”的相对剥夺感。

与农村地区相比，城镇地区社会整合程度较低，社会分工细化，不同群体的接触面比较广泛，接触的频率较多。一方面，由于国有企业改制，大量的下岗职工因为技能、文化程度等因素的限制，没有实现二次就业，处于无业、失业或半失业的状态，与农民工一起构成城镇居民底层群体的重要组成部分；另一方面，不同阶层之间的社会流动加快，职业、教育、收入等社会范畴因素异质性较强，不同行业间的收入差距较大，城镇居民内部收入与财富积累不断拉大。个体的生活方式趋向匿名化和理性化，传统的群体关系纽带（家族亲戚、邻里、朋友等）归属感不强，原本稳定的群体认同逐渐被弱化和放逐，居住社区的归属感仍然被建构中，很多人和自己的邻居不认识，个体的教育、职业、兴趣爱好变得比较重要，个体在不断地变换工作和职业，收入高低起伏不定，生活的不确定性与独立性增强。因此，在城镇地区，一方面，人们依然将家族亲属、朋友、同事当作参考群体，另一方面，抽象的社会范畴化的群体，例如同辈群体、教育程度相近的群体、职业地位相近的群体、有房的群体等，逐渐成为重要的比较参考群体，产生相应的相对剥夺感。传统的“比上不足，比下有余”的中庸态度在不断地减弱。

阶层流动方向与阶层认同偏移方向相关，但从社会下层向上的流动感知并不必然带来阶层认同上的改善。布迪厄的阶级/阶层流动轨迹分析区分了三种可能的阶级轨迹，即向上的流动轨迹、向下的流动轨迹和摇摆不定的轨迹，向上的流动轨迹，给人们带来乐观主义的态度；而向下的流动轨迹，则给人带来悲观的态度。外在结构的演化轨迹，变成了人们的内在心迹，沉淀在人们的阶级惯习中，影响着人们的生活态度和生活方式。个体的阶层认同并不简单地取决于他们当下所处的社会经济地位，也与个体的相对流动轨迹相关，“动态”模型与传统的结构主义不同，强调个体的流动轨迹影响对生活预期的判断，个体的能动性与对未来的期望被放大或缩小，形成流动感知。主观社会流动感知和阶层地位认同偏差显著相关，向上流动感知者更倾向于高估其阶层；向下流动感知对居民阶层地位认同下偏的强化作用更明显，向上流动感知对其阶层地位认同一致或上偏的强化作用更强❶。

追求社会经济地位向上流动是绝大多数人努力奋斗的方向，从农村流向城市，从小城镇流向大都市，在城市获得相对成功的人，有一部分是来自农村和小城镇，个人的社会经济地位提高改善原来家庭的生活水平，尤其是父母的生活水平，“过去”到“现在”社会经济地位的相对变动可能在一定程度上改善个体的阶层认知，但是准备扎根在大城市的年轻人或二代农民工在面对高房价、高消费时，产生焦虑与暗淡的未来预期，无房难以安心，始终是没有归属感的外乡人，生活情境的转变，参照群体的选择从原来的内群体慢慢地转向以社会范畴为基础的外群体，无房产、无汽车、无户口等的缺失造成的生存焦虑和不安全感挤压了社会向上流动所带来的满足感，这也是有较为体面的、较高收入的第一代由农村流向城市的中等收入群体把阶层认同定在下层或中下层的原因之一。社会阶层的向上流动和生活机会结构的改善并不一定会带来自身阶层认同的升级。这增加了农村地区的农业劳动者在阶层认同上与从农村流动在城镇地区的第一代个体工商户、办事人员、专业技术人员等无显著差异的可能性。

---

❶ 范晓光，陈云松．中国城乡居民的阶层地位认同偏差［J］．社会学研究，2015，30（04）：143－168.

## 第二节　群体相对剥夺感使得产业工人的阶层认同感较低

在社会转型时期，房地产、国有垄断行业、IT产业，特别是互联网、计算机为社会开创新的财产收入提供了快速增长的机会。互联网的高薪收入让其他行业从业人员艳羡不已，程序员成为婚恋市场与交友互动中的受欢迎者。人们从改革前羞于谈钱谈利到目前将财富积累作为人生成功的标志，社会成员的核心价值观在发生变化。职业声望作为工业化社会核心价值的一种反映，在一定程度上也反映了群体的价值取向。李强使用2009年北京的职业声望调查，对比他在1997年做的调查，公司董事长的职业声望升幅最为明显，说明人们在市场经济条件下对企业管理人员的认可大幅度提高，声望值甚至超过了政府的管理人员，从事经济金融类工作的人职业声望都有大幅上升，董事长，大、小企业厂长上升将近20位，可见市场经济的观念已经使人们对经济管理人员的评价指标发生了很大的变化。[1]可以认为，人们的市场取向日益增强，在自我评价上越来越看重职业所控制的资源和在市场上获利的能力。在这种情况下，产业工人与商业服务人员的收入在全社会处在中等收入及以下，“给多少钱干多少活，按市场规律议价”已成为普遍共识，产业工人认为自身社会地位相对较低，收入低、保障差、发展空间有限，在其他群体收入与社会地位不断升高的对比中，产业工人的失落感和相对剥夺感不断增强，一位国企青年劳模说，身边一些老工友激励孩子学习时都会说，“好好学，不然就得像我们一样当工人，又苦又累”，不想再让孩子当工人了。

产业工人与商业服务员阶层认同归属显著低于农业劳动者阶层

---

❶ 李强，刘海洋．变迁中的职业声望——2009年北京职业声望调查浅析［J］．学术研究，2009（12）：34－42.

是二者社会经济地位不高、相对剥夺感较强的表征。从表 7－2 中可以看出，产业工人选择社会中下层及下层认同的比例为 66.62%，商业服务人员选择社会中下层及下层的比例为 64.65%，二者是职业阶层的九个职业阶层类别中选择社会中下层及下层认同最多的群体，也是选择社会中层认同最少的群体，在 30% 左右，而个体工商户、办事人员、专业技术人员、企业经理人员、私营企业主选择社会中下层及下层认同的比例在 50% 以下，选择社会中层认同在 40% 以上，其中专业技术人员与私营企业主选择社会中层认同在 50% 以上。当笔者尝试删除调查数据中的农村地区居民，仅保留城镇地区居民时，城镇地区分别有 520 位产业工人和 474 位商业服务人员，产业工人中选择社会中下层及以下的比例为 68.46%，商业服务人员选择社会中下层及以下的比例为 67.93%，二者选择社会中层认同比例均在 30% 以下，因此二者依然是选择社会中下层及下层最高比例的阶层群体，选择社会中层认同最低的阶层群体。

**表 7－2　职业阶层与社会阶层分类表**

| | 下层占比（%） | 中下层占比（%） | 中层占比（%） | 上层占比（%） | 合计（人） |
|---|---|---|---|---|---|
| 农业劳动者 | 30.70 | 27.72 | 38.03 | 3.55 | 3355 |
| 产业工人 | 28.65 | 37.97 | 29.37 | 4.01 | 698 |
| 商业服务人员 | 29.85 | 34.80 | 31.87 | 3.48 | 546 |
| 个体工商户 | 18.88 | 30.38 | 43.95 | 6.78 | 339 |
| 办事人员 | 14.33 | 33.54 | 46.65 | 5.49 | 328 |
| 专业技术人员 | 10.42 | 31.76 | 50.37 | 7.44 | 403 |
| 企业经理人员 | 9.64 | 36.14 | 48.19 | 6.02 | 83 |
| 私营企业主 | 9.78 | 25.00 | 54.35 | 10.87 | 92 |
| 国家与社会管理者 | 8.77 | 33.33 | 38.60 | 19.30 | 57 |

注：村干部被归为国家与社会管理者阶层。

2000 年以来，我国居民阶层认同结构呈“向下偏移”趋势，自认为属于“中下层”和“下层”的比例出奇地高，而且这个比例还在逐年攀升，处于国有企业的中低收入者的阶层认同下移程度最大，城镇地区居民认同中间层的比例偏少，而中低层认同的比例明显偏高[1][2]。研究者一直在寻找阶层认同偏低的原因，从影响因素到阶层认同的结构类型做了许多有益的探索，从本书中职业阶层的角度看，将近七成的产业工人和商业服务人员倾向选择社会中下层及下层认同，远远高于其他职业阶层，由此可以肯定主要是这两个阶层成员高比例的中下层及以下的阶层认同致使城镇居民整体阶层认同偏低，那么产业工人和商业服务人员的阶层认同偏低的社会背景是什么呢？

按照韦伯的观点，一个阶层在社会生活中的地位高低主要取决于三方面的因素，一是经济收入；二是社会声望；三是政治地位。在国企改革之前，产业工人与商业服务人员的工人身份与社会地位是无比光荣的，享受工作单位全面的社会保障和福利，随着改革和市场经济深化，产业工人与商业服务人员的经济地位、政治地位与社会地位大幅度降低，追求经济成功的社会价值观却难以再赋予产业工人合理的社会地位。随着体力劳动者与非体力劳动者之间的差距进一步扩大，技术工人、高级蓝领或者金蓝领的社会地位在很多人心中不如普通的办公室文员。产业工人与商业服务人员的受教育水平集中在初中及以下，人力资本不高更加恶化了二者在劳动力市场中的状况，传统国企产业工人存在担心被减员或被减薪的岗位焦虑。产业工人难以接受经济地位快速下滑这一事实，父母宁愿花钱给孩子上补习班，提高成绩，为以后读大学做准备，也不愿意让孩子在工厂踏踏实实地学技术，觉得做工人很没有社会地位，收入也不高。

罗茨曼（Runcima）认为群体相对剥夺感（fraternal/group relative deprivation，GRD）是一个个体所在的群体与另一个群体之间的

---

[1] 刘欣．转型期中国大陆城市居民的阶层意识［J］．社会学研究，2001（03）：8－17.

[2] 赵延东．“中间阶层认同”缺乏的成因及后果［J］．浙江社会科学，2005（02）：86－92.

比较，或者一个群体当前的状态与这一群体过去或将来状态之间的比较，其强调在社会等级体系中，社会经济地位、权力与资本的差异分布引起的处于从属群体在与处于优势的群体比较中产生的不满态度，产业工人阶层代表的蓝领群体对白领的羡慕与不满，在一个更为扩展的体系中相对于其他群体而言，对自身在所属群体中的社会地位愈加不满[1]。我们可以将产业工人阶层这种从属群体的不满称为群体相对剥夺感，不同群体间清晰的界限使得相对剥夺感以群体剥夺的形式彰显出来，将群体的社会范畴与其外在的社会制度和社会结构变迁联系起来，产业工人阶层成员较强的相对剥夺感主要来自其整体社会经济地位的下降，产业工人阶层的多数成员对自身社会经济地位共同认知的集体画面，使他们持有某些相近的社会地位阶层认同。

加快发展先进制造业，靠的是一线的产业工人，近年来，我国倡导培养工匠精神和大国工匠，鼓励产业工人应该干一行、爱一行、精一行，能够耐得住寂寞、守得住理想，“不要人夸颜色好，只留清气满乾坤”。在产业工人社会经济地位与阶层认同明显较低的情况下，国家与企业应该采取何种政策或措施引导产业工人脚踏实地地成为技能型与创新型产业工人，这是一个重要的课题。

## 第三节　职业中的教育水平区隔对阶层认同的影响

受教育水平是职业流动与地位获得的筛选机制，教育社会学引导人们深入思考社会结构与心智结构的再生产机制。社会空间的结构是经济资本与文化资本这两个基本的分化原则的产物，教学机构

[1] RUNCIMAN, W. G. Relative deprivation and social justice [M]. London: Routledge, 1966: 31.

对社会空间结构的再生产起决定作用[1]。教学机构不仅担负对学生才智上指导与灵魂上净化的重任，也像投影测验那样，不断提供着分类图式，而精英群体本身就是这些图式的产物。文化资本能够从教学机构与心智结构的辩证关系中摸索到根源，其以心智结构的感知图式、行动图式、划分原则的形式存在。尽管高等教育机构在分类识别的过程中被赋予中立的表象，但是迫于社会结构再生产而需要经过选拔。以名牌大学（大学校）及其预备班构成的精英学校群体正是通过惯习使他们的学生形成了一个被分隔的“精英群体”。这样，学校就建构了一个“精英群体”，并且通过分离行为，赋予这个群体通常只属于神者的一切特征[2]。

由教育部和高等教育机构颁发的证书（大学毕业证书、学位证书等）是对证书持有者完成学业获得社会能力和技术能力进行确认和担保的社会委任书，证书是以发证组织机构的集体信仰为基础的信誉称号、庄严评判和个人能力的证明。[3] 证书是文化资本体制化形式的物化。高等教育机构通过证书赋予了个体获得某个职位的权力，证书的符号象征效能成为影响个体前途与命运的符咒。证书不仅是进入主要劳动力市场的入场券，而且是某种能力的终身保障，它的象征利益和市场价值依赖于人们普遍接受的权力象征性效应和市场上的稀缺程度，教学机构的声望和权力等级与其市场价值之间建立比较严密的对应性。证书的持有者不需要拿出明显的证据，也不需立马在实践中证实自己的能力，证书与持有者一起消亡，而且它不会衰老，它是受到法律保护的。[4]

---

[1] ［法］P. 布迪厄. 国家精英——名牌大学与群体精神［M］. 杨亚平，译. 北京：商务印书馆，2004：50 – 51.

[2] ［法］P. 布迪厄. 国家精英——名牌大学与群体精神［M］. 杨亚平，译. 北京：商务印书馆，2004：202.

[3] ［法］P. 布迪厄. 国家精英——名牌大学与群体精神［M］. 杨亚平，译. 北京：商务印书馆，2004：204.

[4] ［法］P. 布迪厄. 国家精英——名牌大学与群体精神［M］. 杨亚平，译. 北京：商务印书馆，2004：206 – 208.

在多项关于阶层认同的实证研究中，教育是收入、职业和教育三个变量中比较不显著的变量。可以判定教育程度对阶层认同的影响不显著吗？在本书中，教育变量只有在社会下层类别与中下层、中层和上层类别的比较时才对阶层认同有显著影响，而在社会中层、上层的类别比较中不显著，可以直接认为教育对这些类别没有显著影响吗？从样本的构成来看，在5901个样本中，有70.70%的个体的教育水平在初中及以下，14.95%的受教育水平在高中，14.35%的受教育水平在大学及以上。笔者尝试将教育与职业技能、所在单位类型进行交互分类，探寻是否存在这样一种情况，高技能、国有企业这些类别主要是由受过高等教育的毕业生来做，初中及以下受教育水平的人主要集中在无固定单位的个体和私营单位类别。劳动力市场区隔导致这些类别群体内部的教育同质性较强，教育的净效益较低。

在表7－3中，工作中不需要专业技能的人，超过八成以上的受教育水平集中在初中及以下；在工作中需要很高专业技能的人中，有近六成的个体获得大学及以上受教育水平。在表7－4中，国有企业工作成员中近六成的人获得大学及以上教育水平，而在个体中将近九成的人的受教育水平是初中及以下，在两个单位类别中，各自的受教育的同质性较强，国有企业员工的平均受教育水平要远高于私营企业和个体类别。因此，可以推断出，在教育同质性较强的技能类别和工作单位类型中，教育对阶层认同影响的净效益较小。

**表7－3　工作专业技能与教育的分类表（括号里为百分比%）**

| | 不需要专业技能（人） | 一些专业技能（人） | 较高专业技能（人） | 很高专业技能（人） |
|---|---|---|---|---|
| 初中及以下 | 3464（85.81） | 512（47.76） | 149（26.23） | 47（20.98） |
| 高中 | 432（10.70） | 272（25.37） | 129（22.71） | 49（21.88） |
| 大学及以上 | 141（3.49） | 288（26.87） | 290（51.06） | 128（57.14） |
| 总计 | 4037（100） | 1072（100） | 568（100） | 224（100） |

表7-4 工作单位类型与教育的分类表（括号里为百分比%）

| | 个体（人） | 私营企业（人） | 国有企业（人） |
|---|---|---|---|
| 初中及以下 | 3172（89.45） | 869（56.80） | 131（15.88） |
| 高中 | 327（9.22） | 351（22.94） | 204（24.73） |
| 大学及以上 | 47（1.33） | 310（20.26） | 490（59.39） |
| 总计 | 3546（100） | 1530（100） | 825（100） |

受教育水平是筛选进入主、次要劳动力市场的重要影响因素。求职者的受教育层次影响甚至决定其进入主、次要劳动力市场机会结构。劳动力市场分割理论认为，劳动力市场分割为主要劳动力市场和次要劳动力市场。主要劳动力市场包括体制内的国家机关、党群组织、事业单位、国有大中型企业和私营企业，其工作成员收入高，工作环境好，工作稳定，工作发展平台较高能够使员工得到较多的培训和晋升机会。相反，次要劳动力市场工资低，就业也不稳定，工作条件与工作发展平台较差。从以上两个表格的结果可以明显地看出，主要劳动力市场的平均受教育程度高于次要劳动力市场。劳动力的受教育水平是劳动力市场分割的信号，与一般劳动力就业机会相比，大学及以上受教育水平的群体找工作的优势在于其较高的受教育程度。有研究发现，八成以上的硕士毕业生和博士毕业生流向主要劳动力市场，六成以上的本科毕业生也留在主要劳动力市场，六成以上专科生的择业则被挤压流入次要劳动力市场[1]。那些没有受过大学教育的求职者变成相对的弱势群体，进入主要劳动力市场的机会较小，主要流入次要劳动力市场，他们的职业流动和社会地位存在降低的可能性，高等教育具有保持或者提升职业流动和社会地位的功能[2]。

---

❶ 马莉萍，岳昌君．我国劳动力市场分割与高校毕业生就业流向研究［J］．教育发展研究，2011，31（03）：1-7.

❷ 应松宝．论大学生就业市场分割与高等教育的相互作用［J］．中国高教研究，2007（03）：35-37.

在社会结构和心智结构的分析框架下，学历不仅是筛选进入主、次要劳动力市场的重要影响因素，还是社会阶层地位的主要考察因素，但是不同单位类型、不同职业技能、不同职业阶层的群体的学历水平出现明显的区隔，群体内的教育水平差异较小，群体间的教育水平差异较大。在群体内，教育水平对阶层认同的净效益不显著或者影响较小就可以得到解释。教育学历水平的鸿沟在客观的社会区隔中不断得到确认和强化，由于这种证书断裂的边界，教学机构扩大了原有的社会阶层结构差异、单位类别差异、职业技能差异。学历水平影响着人们的职业选择和职业流动，而职业是影响和制约社会分层的重要因素，同时职业的高低决定人们社会地位和经济地位的高低。当前，各阶层之间分化的差距扩大已成事实，教育的不公平也加剧了社会的分化。高等教育过程的不公平是以较为隐秘的形式呈现的。高等教育机构场域内存在着差异化，内部进一步区分了名牌大学和普通大学，分为高等教育机构场域和名牌大学次场域。高等教育机构场域的基本对立面造成了名牌大学与普通大学之间的分离。❶ 在中国的现实生活中，体现为普通二本学校、一本学校、“211”工程学校、“985”工程学校之间的区分差异性。

教学机构形成的这种社会差异依据预先存在的社会结构差异为基础，教育机构的差异是通过向预先存在的社会差异提供自我完成的可能性，使这些差异能够长久地存在于可以客观地量度的习性之中❷。由陆学艺带领的“中国社会结构变迁研究”课题组，出版了《当代中国社会阶层研究报告》一书。该书以职业分类为基础，以1999年所做的抽样调查数据和调研为依据，以各阶层所占有的组织资源、经济资源、文化资源占有状况为标准作为划分原则，对社会群体进行大的聚类分层，划分出了当代中国社会的十大阶层。处于

❶ ［法］P. 布迪厄. 国家精英——名牌大学与群体精神［M］. 杨亚平，译. 北京：商务印书馆，2004：229－231.

❷ ［法］P. 布迪厄. 国家精英——名牌大学与群体精神［M］. 杨亚平，译. 北京：商务印书馆，2004：257.

优势地位的国家和社会管理者阶层、经理人员阶层、专业技术人员阶层、办事人员阶层大多受过高等教育，想进入这几个阶层，大学及以上受教育水平是获得特定职业的先决条件，例如，公务员报考条件之一就是获得大学本科教育学历要求，这几个阶层的群体主要来自主要劳动力市场，大学本科或者专科教育是限制群体进入的关键门槛。其中，经理人员阶层有些还是某一领域的权威和专家，对于某个行业发展和企业管理，具有很强的判断力和敏感性。这个群体偏向参与 MBA、MPA、EMBA、高级经理的教育和培训。

专业技术人员阶层是指从事专业性工作和科学技术工作、具有中高级职业技术水平的人员，也可称这个群体为知识分子群体。他们多数必须获得大学及以上教育水平才有资格进入这一领域，其中有一部分甚至获得博士、硕士学位，工作中具有一定自主性，是体制内外的非体力劳动者。体制内的专业技术人员主要从业于各级公立的学校、医院、科研机构等单位，大约有 3000 多万人；在体制外，企业对技术的要求不断提高，私营企业成为专业技术人员的孵化器。仅以信息产业为例，就出现了大量服务于私营企业的工程师。这些服务于私营企业的体制外专业技术人员，据 2018 年相关机构估算已超过 4000 万人。精英群体明显的阶层界限“文化屏障”有效阻断了其他阶层向这个阶层的流动，为精英阶层的利益和维持他们特有的生活方式提供了最有效的保护[1]。

通过高考，大学在最后一名入选者（过关者）和最前面一名淘汰者（失败者）之间设立了一条社会边界，确立了对于生活世界合法的划分方式。这条神奇的边界使大学生与普通人之间的差别巨大，并公开得到大众的认同，同时使被录取者认同自己的特别，转变其信仰，将他们抛入支配阶层的惯习中。通过设立文凭的边界，把那些经受了教育机构组织的高考之后被选拔的大学生与其他普通人区

---

[1] 钱民辉．教育社会学——现代性的思考与建构［M］．北京：北京大学出版社，2004：114.

分开来。通过学业成绩评判中立地、合法地构建的分类等级形成一条断裂的、区分性的社会边界[1]，给予其社会资本一种本身并不具备的象征符号。这条边界是横在高中及以下教育水平群体与大学及以上教育水平群体之间的围墙，建立对于心智结构和社会结构一种合法化的划分方式，在社会的连续性序列中凿出一系列或大或小的专制性的社会鸿沟[2]，出于对程序公平和工具理性的崇尚使之合法化，被大众承认。名牌大学精英群体的限制更加严格，群体排他性更强，名牌大学的象征资本的意义更大，随着人力资本的经济回报升高，名牌大学的这种象征意义愈加得到肯定和强化。名牌大学的每个成员都直接或间接地凭借学校现有的象征资本（例如，“985”工程高校的毕业生和“211”工程高校的毕业生）和潜在的象征资本（在某个顶级期刊发表文章）提高自己的社会地位，从而使自己变得更加成功。他们被授予了普遍得到认同的某某大学学生的称号，享受象征资本权力位置中的特定等级，也不自觉地享有大众的认同与尊敬。[3]

行动者的选择受到学校声望、学科类别、专业市场价值的影响和支配，个体必须使用与学校的客观划分相对照的关注面向和划分原则，来按照学校声望、学科类别和专业市场价值进行构建自我的群体归属。高等教育的场域倾向在不同学校之间建立某种断裂的、决定性的鸿沟，大学内的学生群体与没有考上大学的群体之间有着差异，通过设立边界，将那些在经受了学校的所有重要考试之后被选拔出来的人与普通人区分开来，相对来说，进入到不同学业体系的学生群体内存在较大的同质性。但大学生群体内部同样也存在两个断裂点，名牌大学的学生与普通大学的学生之间有着差异，不同

---

[1] ［法］P. 布迪厄．国家精英——名牌大学与群体精神［M］．杨亚平，译．北京：商务印书馆，2004：172.

[2] ［法］P. 布迪厄．国家精英——名牌大学与群体精神［M］．杨亚平，译．北京：商务印书馆，2004：202.

[3] ［法］P. 布迪厄．国家精英——名牌大学与群体精神［M］．杨亚平，译．北京：商务印书馆，2004：203.

等级名牌大学的学生们之间存在差异。这是强调在精英学校内部主要存在着统治阶级和中间阶级（小资产阶级）的类别差异。高等教育等级的象征性意义在尽可能地强化这两种差异，在直接促使不同类别群体间建立某种区隔，使得这些区隔之间合法化，正是这些区隔无处不在地建构了生活世界的社会结构。[1]

## 第四节　服装、住房与汽车的占有对阶层认同的区分性

社会学研究偏向从消费者主体的角度来看待消费行为，消费成为展现个人品位和生活风格的主要领域，消费品逐渐构成一种认同体系，它附属于其他一些象征体系，成为一种符号悬浮在日常的社会关系中。面对这个符号系统，我们被各种符号吸引和控制，符号规定着日常生活的选择。一个生动的例子，中国游客到日本疯狂地选购马桶盖，导致日本的马桶盖卖断货，这些马桶盖实际上不少产自中国，返销日本，又被中国游客买回来，这个例子的背后是品牌符号深刻影响现代社会消费品的购买取舍，这种情况在中产群体的消费活动中尤为明显。因此，消费作为一种表现性实践，通过对物的选择与占有所体现出来的生活风格和品位，构成了人们社会身份地位得以区分的符号和象征。

在第六章回归模型结果的分析中，完整模型 4 对阶层认同的广义定序 logit 模型显示表征性因素对自我阶层认同有显著的影响，说明某些消费品花费或占有影响自我阶层认同。而在模型 5 阶层认同对住房的广义定序 logit 模型与模型 6 阶层认同对汽车的二项 logit 模型中，阶层认同又影响住房和汽车消费，消费与认同存在双向建构关系。我们依据自己的阶层地位与生活品位进行消费，通过消费品

[1] ［法］P. 布迪厄. 国家精英——名牌大学与群体精神［M］. 杨亚平，译. 北京：商务印书馆，2004：243.

占有所获得的符号象征意义强化归属感，消费品的占有或花费建构人们的阶层认同。反过来，人们的阶层认同又影响其选择何种消费方式和生活方式。消费既是建构认同的重要素材，又是身份认同的表达方式之一，因此，消费与认同是双向互动的关系。

但是并不是所有的花费或消费品的占有都有社会区分的功能。在完整模型4中，家庭总消费显示，家庭消费对阶层认同无显著影响，这与我们对消费与阶层认同的普遍关系的认知存在很大的差异。首先，家庭总的消费支出不仅与收入、储蓄相关，也与家庭的生命周期、人口结构、物价等因素相关，因此，家庭总的消费支出不适合作为衡量消费分层的维度，区分性比较小。其次，教育消费支出对阶层认同的影响不显著。在国家实行九年义务教育的政策下，家庭成员的教育费用支出差异不大，但教育消费占家庭收入的比例呈现一定的差异性，在低收入家庭中，子女的教育费用虽然一般比较低，但占家庭收入的比例却较高；较高收入家庭的孩子教育支出总量虽然比较高，但占其家庭可支配收入的比重却较低。教育消费在子女的发展性教育上呈现一定的社会阶层结构差异。[1] 最后，文化、旅行等消费对阶层认同的影响也不显著，由于此次研究使用2015年的数据，文化、旅行等消费具有积累性，短期内城镇居民的文化与旅游消费差异程度并不明显，并具有时滞性，因此文化、旅行消费指标对阶层的区分程度比较小。

在完整模型4中，服装、汽车和住房对阶层认同影响均显著并存在正向关系，三者影响人们阶层认同、社会态度取向和行为方式的选择以及生活的意义或想象。虽然服装趋向多元化、平民化和个性化，不同收入群体的居民在衣着上相互影响，中等收入群体的穿衣风格对低收入群体有示范效应，但数据的显著性显示服装除了蔽体御寒的作用外，仍然是人们实施印象管理和表达地位的符号。服

[1] 秦阿琳．社会分层对教育消费的影响研究：一个消费社会学的视角［D］．湖南师范大学，2005.

装是显示个体的收入、闲暇时间和阶层地位的直接体现，人们通过外在形象的改善获得社会的认可与尊敬，购买高档的衣服反映个人的角色期待和社会认同。服装在现今社会日常生活中的社会阶层地位的标识功能依然发挥重要作用，服装费用支出的社会区分功能比较明显。

在改革开放后，随着社会流动加快和城镇化的提升，在工作的城市有没有房、有几套房、有没有车、开什么样的车等成为识别个人社会成就和社会阶层地位的外在的直接的感性标识。为“有房有车”而勤恳工作，房子与车子代表着老百姓对幸福生活的想象，老百姓追求房和车，不仅是为了物质的满足、居住条件的稳定和出行的便利程度，还为了个人心理的满足和社会地位的满足，有房有车是成功人士的符号，对有房有车的渴望表达了对中间阶层生活方式的向往与崇拜。对有房有车的追求是以个人获得物质为中心，在市场因素的价值观的影响下，我们的生活理性物质化、个人化与象征化。这种生活目标能否实现，关系到人们今后的社会认同和自我认同。对于房子、汽车的占有提高了人们对未来的生活预期，一旦理想的预期目标没有达到，人们的人生失败感和挫折感就会增强，有些人甚至会对国家住房政策、炒房客、有房子的群体产生怨恨和谩骂，社会成员中很大一部分人对房子和车子这些大宗消费品爱恨交加。消费信贷制度使得个体“有车有房”的梦想得以提前实现。

汽车具有明显的社会区分的功能。新中国成立后，汽车代表着官员的福利待遇，只有国家的重要干部才会享用汽车这种奢侈的交通工具，到20世纪90年代中期，国家为了经济增长，着重发展汽车产业，鼓励个体购买汽车，收入比较高的群体，例如，明星、私企老板率先购买到汽车，成为有车一族。由于这些群体的示范效应，很多人的家用汽车消费欲望极大膨胀。在中国加入WTO后，大幅度减少对汽车行业的保护政策，汽车的价格降低，整个过程遵循着从精英群体的购车示范到大众群体的模仿。私家车的占有受到家庭或个人总收入的显著影响，有研究者认为家用汽车的数量可以看成一个国家或地区中产阶层群体的数量的可靠指标，2010 年中国家用汽车车主的数量与以收入标准测定的中产阶层的数量非常接近，私家车的社会地位象征意义非常明显。[1]

是否有汽车显著影响人们的阶层认同，而阶层认同同样成为分析占有汽车的重要变量，在控制了其他变量后，阶层认同越高，有车的发生比之比越高。说明个体的阶层地位的选择和归类影响对物品消费的偏好，阶层认同较高者需要用汽车来体现自我阶层认同。截至 2017 年底，全国机动车保有量达 3.10 亿辆[2]，汽车占机动车的比率持续提高，已成为机动车构成主体。在汽车已经走进大众生活的情况下，个体阶层认同仍然需要通过汽车消费来表达和展示。汽车的社会地位象征功能在百姓生活中根底深厚，从这个角度看，汽车也应该是适合当下老百姓阶层认同建构的直接指标。汽车与阶层认同的关系较好地体现出消费与阶层认同是双向建构的，受问卷题目的限制，无法在此讨论阶层认同与汽车品牌的相互影响，希望以后在研究资料可及的情况下，进一步分析汽车品牌对阶层认同的影响。

与汽车相比，房子的生活“必须”需求比汽车更为强烈，住房是一个遮风挡雨、安全稳定的居住地方，有恒产者有恒心。从投资的角度看，住房有保值和增值的功能，而汽车不可避免地要面临贬值和折旧。在住房的市场化改革以后，房产成为人们的重要财产，有些人出售或出租房屋成为赢利的手段。房屋的经济功能愈加突出，住房成为城市居民的社会地位和经济财富的符号标志。桑德斯认为，现代社会中住房越来越重要，甚至比职业更能准确地划分出现代社

[1] 朱迪．品味与物质欲望——当代中产阶层的消费模式［M］．北京：社会科学文献出版社，2013：209－210.

[2] 中国新闻网．中国公安部：截至 2017 年底全国机动车保有量达 3.10 亿辆［EB/OL］．(2018－01－16)［2018－04－09］．http：//auto. people. com. cn/n1/2018/0116/c1005－29766686. html.

会的分层状况，观察一个人的住房状况比留意他的工作更重要[1]。在现代城市社会中，家庭拥有自有住房情况成为判定家庭或个人社会经济地位和身份的外显特征，根据住房结合居住的社区特征形成类别更细化的住房地位群体[2]，在房产社会的热烈讨论下，住房渐渐成为不同阶层间符号区隔的标识，住房与汽车成为区分不同群体间在社会声望和阶层等级地位上差异的重要指标。有无汽车、无房产、有房产和有多套房产作为客观的符号（即具有普遍意义的符号和象征）已经成为社会层面人民大众界定和识别财富、身份和阶层等级序列的标准和参照框架，这种参照对象的选择，容易降低国家发展带来的获得感，反而增加艰难生存条件改善的无助感，使得无房群体更容易产生相对剥夺感。

---

❶ 李斌，王凯．中国社会分层研究的新视角——城市住房权利的转移［J］．探索与争鸣，2010（04）：41－45.

❷ 李强．转型时期城市“住房地位群体”［J］．江苏社会科学，2009（04）：42－53.

# 第八章 讨论与小结

## 第一节 影响消费实践的文化和制度分析

### 一、节俭消费文化观念的形成

任何社会发展阶段都不可能不面对人们的日常消费问题。消费文化在中国的传统文化发展史中占有非常重要的地位，去奢从俭是中国古代典型的消费观。古人评价一个王朝的败亡，往往从以骄奢淫逸这个词汇形容当时的社会风气开始，认为不适当的消费会造成动乱。

道家学派的代表人物老子提倡返璞归真、清心寡欲、简朴自持、顺其自然的消费理念。他认为节俭方得长久，奢靡的生活是强盗行为，《老子》的第五十三章中说，“朝甚除，田甚芜，仓甚虚，服文采，带利剑，厌饮食，资财有余，是谓盗夸。非道也哉”[1]。他认为经济的发展会造成物欲横流、矛盾激化，只会导致社会混乱和人心迷失，不利于社会的安定和人的和谐，背离了“道”的法则，人们在生活中理当“见素抱朴”，老子认为：“五色令人目盲，五音令人耳聋，五味令人口爽，驰骋畋猎令人心发狂，难得之货令人行妨。

---

[1] 李聃．老子［M］．北京：北京中华书局，2011：128.

是以圣人为腹不为目，故去彼取此。”[1] 所有这些都可使人身乱心迷而追求物质享受，因而“罪莫大于可欲”[2]。个人消费目标是为了满足个体的基本需求，不要去追逐自然需要以外的享受。过度消费、炫耀消费等都是把消费作为体现地位、经济实力、权力等的方式。老子犀利地谴责统治者忽视普通百姓的农业生产，自己沉沦于靡费奢华的生活。在以家为伦理本位的古代，推崇自给自足的自然消费理念。“生民之本，要当稼穑而食，桑麻以衣。蔬果之畜，园场之所产；鸡豚之善，埘圈之所生。复及栋宇器械，樵苏脂烛，莫非种植之物也。至能守其业者，闭门而为生之具以足。”唯独遗憾的是“但家无盐井耳”。[3]

以孔子为代表的儒家思想与道家思想一样反对奢侈，主张节俭。同时，又强调消费要严格恪守“礼”的要求，个人的消费观念和消费方式要符合所处的身份地位，这是一种等级消费文化，即个体的消费水平受到统治阶级地位而非经济水平的约束，重视道德和“礼”的规范对人们的消费行为的影响，形成贵贱有序、贫富有差、消费有别的等级消费观念。孔子在《论语八佾》中主要讨论“礼”的主题，其中比较经典的是“孔子谓季氏，八佾舞于庭，是可忍也，孰不可忍也?”按礼的等级规定，八佾是天子娱乐消费规定，作为大夫的季氏只配享用四佾，是典型的违反周礼的等级消费标准，孔子表示非常的愤慨和不满，是可忍孰不可忍。孔子重视穿着和饭食，尤其是服装应该符合礼仪使用。“子之燕居，申申如也，夭夭如也。”“君子不以绀緅饰，红紫不以为亵服，当暑，袗絺绤，必表而出之。缁衣，羔裘；素衣，麑裘；黄衣，狐裘。亵裘长，短右袂。必有寝衣，长一身有半，狐貉之厚以居。去丧，无所不佩。非帷裳，必杀

[1] 李聃．老子［M］．北京：北京中华书局，2011：29.

[2] 傅允生．去奢从简：中国古代消费观溯源——从孔子、老子消费思想说起［J］．现代财经：天津财经大学学报，2000（10）：61－64.

[3] 颜子推．颜氏家训［M］．北京：北京中华书局，2011：36.

之。盖裘玄冠不以吊。吉月，必朝服而朝”[1]。孔子认为俭，不违礼；奢，勿过礼。“礼”作为社会行为和生活方式的准则，依照“礼”的消费，本质上是等级消费，维护封建等级统治制度。按照等级消费，个体的消费与个体在统治位置中的地位相一致，这在个体的服装、住房、乘车上都有明确的等级规制。个人最佳的消费应该是合乎“礼”的消费，达到“从心所欲不逾矩”的境界。关于“礼”的等级消费是封建等级制度和思想在消费领域的反映，自此成为儒家思想的重要组成部分并被继承下来。

宋代思想家李觏认为国家和家庭经济收入是消费支出的先决条件。“治国之实，必本于财用。盖城郭宫室，非财不完；羞服车马，非财不具；百官群吏，非财不养；军旅征戍，非财不给；郊礼宗庙，非财不事；兄弟婚媾，非财不亲；诸侯四夷朝觐聘问，非财不接；矜寡孤独，凶荒札瘥，非财不恤。”这是中国消费文化史中比较少见的精辟论述收入对消费的约束作用的观点。他还认为“俭德”与等级消费观念存在冲突，“俭”是贫穷和物质财富贫乏的道德品质，要求任何阶级的人不顾阶级地位和国力发展状况都践行这个原则有点不近人情，因此他认为奢侈品“不可尽去”，可以“制节使微少”[2]。李觏将消费行为与芸芸众生的消费心理联系起来，“夫奢则以为荣，俭则以为辱，不顾家之有亡，汲汲以从俗为事者，民之常情也”。[3]世俗之人崇尚奢侈，在日常社交中向友人看齐，为了面子也要保持荣耀与体面，来表达自身的阶级地位和身份。“寒贱之家，自羞褴褛，动以无钱置服为词，谓一朝发迹，男可以翩翩裘马，妇则楚楚衣裳”。[4] 这就是活生生的世俗消费风气。

老子和孔子均生活在动荡的春秋末期，当时的老百姓面临物资匮乏的困境，为了缓解这种矛盾，必然提倡节俭。黜奢入俭是当时

[1] 孔丘．论语［M］．北京：北京中华书局，2012：138.
[2] 李觏．李觏集［M］．北京：北京中华书局，2011：91.
[3] 李觏．李觏集［M］．北京：北京中华书局，2011：86.
[4] 李渔．闲情偶寄［M］．西安：西安三秦出版社，2008：37.

社会经济条件和社会阶级结构在消费上的反映，有其深刻的历史原因[1]。由于对儒家思想和道家思想的传承，节俭作为一种美德传统对中国的统治阶级、达官贵人、黎民百姓的消费观都产生了深远的影响，无论是治国安邦还是家庭生计都崇尚节俭，至今依旧深刻影响国人的消费观念和消费习惯。当然，一直以来，统治阶级不乏骄奢淫逸的人，唐代诗人杜甫为此感叹："朱门酒肉臭，路有冻死骨"。

## 二、制度对消费的影响

阿尔杜塞（Louis Althusser）批判性地继承了马克思的生产理论，认为社会的存在不仅要生产，同时要再生产社会生产的条件。国家制度和国家意识形态对主体结构塑造的决定性影响是再生产其生产关系的关键。国家制度的转型影响主体的心智结构的转变。国家通过意识形态宣传来说服个体接受现存的社会分工、生产关系、技术分工，以及个人的角色、行为规范，来生产服从统治阶级意志的现存秩序的主体。社会结构和社会条件塑造主体，主体的能动性再生产生活其间的社会结构环境与社会条件。主体与国家制度的断裂容易导致信仰的认同危机或者制度革新。时代特征、制度环境、文化结构和意识形态共同影响个体具有哪种主体结构、行为模式与思维模式。个体的实践主动性、能动性与行动动机均受到当时社会结构和意识形态的塑造和约束。布迪厄认为，人们的客观的结构性条件（如：阶级地位）会沉淀为某种相对持续性和一致性的习性。这种习性既是行动的发起力量，又受结构性条件的形塑和制约，因而它是连接主观和客观的中介。在当代社会，消费并非是简单的个体购买行为，而是受到文化、意识形态、政治和制度的形塑。消费主体并非是抽象的，而是生活在一定的具体条件下，是被生活的特定时代的统治集团的意识形态塑造过的。中国的制度变迁对消费者

---

[1] 傅允生．去奢从简：中国古代消费观溯源——从孔子、老子消费思想说起［J］．现代财经：天津财经大学学报，2000（10）：61－64.

的偏好选择有深远的影响，国人的消费实践植根于中国以往与现行的制度背景、生产条件、文化背景、风俗习惯之中，对消费行为的分析不能忽略这些重要前提。

从新中国成立到改革开放前，国家为了实现社会主义工业化的发展目标，为实现共产主义奠定物质基础，制定了优先发展重工业的思路。重工业属于资本密集型产业，消耗资源较多，但在经济发展水平较低的情况下，国家面临物资极度匮乏的问题，国家经济理性地减少国内消费资金，把有限资金投向重工业，这意味着不得不以压缩人民的消费空间为代价。“赶超”的工业政策必然伴随一种不寻常的消费政策，国家采取抑制消费、倡导节衣缩食的制度安排。[1]周恩来在政府工作报告上阐述说，重工业所需的资金多，建设时间长，赢利慢，而且大部分产品无法直接给人民消费，在国家发展重工业的时期，虽然农业和轻工业也有相应的发展，但人民还要暂时忍受生活上的困难[2]。1953 年，国家采用控制消费的统购统销制度，限定居民购买布匹、口粮、食油等生存消费品的数量。在推行“票证制度”后，控制消费的商品类别和范围不断增多、扩大，手表、火柴、缝纫机、半导体收音机等都被纳入票证的范围内。为了创外汇，国家出口茶叶、水果、肉类等商品，多余的才允许在国内市场出售，使得城镇居民的私人消费品短缺的局面更加艰难。

考察改革开放前的制度安排后，有必要进一步分析与之相应的主体结构。伴随着国家以节衣缩食、艰苦奋斗、抑制消费的办法来支持重工业发展，国家将节俭的道德要求与“贪图享乐”“追求物质享受”对立，后者被贴上耻辱的标签，摈弃个体的自私自利，轻视物质享受，强调服从集体利益，重视为国家奉献的精神，在人民群众和干部中间培养和发扬以勤俭朴素为荣、以奢侈浪费为耻的风气。在劳动者中宣传集体主义的价值观念，树立“劳动模范”榜样，

---

[1] 王宁．从苦行者社会到消费者社会［M］．北京：社会科学文献出版社，2009：49.

[2] 中共中央文献研究室．建国以来重要文献选编（第五册）［M］．北京：中央文献出版社，1993：586.

形成了北大荒精神、鞍钢精神、红旗渠精神、大庆精神等典型的体现艰苦奋斗的文化，还向人民倡导甘于奉献、勒紧裤腰带加油干的观念。这种奉献型主体是当时的社会经济条件、制度环境、国家意识形态和社会结构共同塑造出来的。通过改造人民的思想观念，形塑奉献型主体，使得个人生活目标与国家目标匹配。人民怀着为国家奉献、勤俭节约和艰苦奋斗的世界观和生活观，努力奋斗，争当劳模。人们在生活消费上量入为出、精打细算、省吃俭用、积累盈余，积攒的积蓄用来购买“三大件”：自行车、缝纫机和手表。以着装为例，当时人们着装单一，主要是黑色或者深蓝色的海军装或者中山装，不敢突出个性或标新立异，身穿奇装异服的个体会受到组织的批评和朋友的嘲讽。

邓小平同志南方谈话强调共产党要在改善人民物质和消费水平上建立合法性。1985 年，党中央在政策上调整国家积累、消费和农业、轻工业、重工业之间的比例，国家的消费政策发生转折，扩大消费品工业，发展民用建筑行业，增加中高档服装、洗衣机、电视机、自行车、电冰箱等日用品和耐用消费品的供给。收入水平决定消费层次，国家从制度上改革工资制度，提高职工工资，废除粮票，统购统销制度终结。到 20 世纪 90 年代后期，出现商品供给过剩和消费需求不足的状况，这阻碍了国家的经济社会发展，政府便出台了鼓励和刺激大众消费的政策，扩大商品流动区域。采取措施拓宽消费市场，活跃流通市场，发展消费信贷，推进住房制度的改革，鼓励居民购买家庭的耐用消费品和住房，并引导居民保健、电信、娱乐、文化、旅游等方面的消费，发展服务消费[1]。1998 年，中国人民银行出台《汽车消费贷款管理办法》，支持各大银行开展汽车消费信贷业务。1999 年，中国人民银行出台《关于开展个人消费信贷的指导意见》，允许金融机构开展消费信贷业务，此政策对家庭住

---

[1] 中共中央文献研究室．十五大以来重要文献选编（上）［M］．北京：中央文献出版社，2000：778.

房、汽车消费发挥了重要作用。1999 年，国务院修订《全国年节及纪念日放假办法》，“黄金周”为人们旅游提供了时间保证，把旅游提高到国家经济尤其是西部经济发展的战略地位。居民的消费欲望进一步受到制度环境的引导。2001 年，中国加入世界贸易组织，关税降低，耐用消费品价格也相应降低，使更多的消费者有了购买的能力。

这些政策表明国家鼓励居民消费，消费成为拉动经济发展的动力，这种新的经济发展模式推动社会结构转型，刺激消费的政策与改革前艰苦奋斗、勤俭节约、服务奉献的价值观念产生了张力❶。经济体制转变和消费重要性增长的同时，国家提出按劳分配、物质激励、承认个人物质利益来提高劳动者的工作积极性。人们不再耻于谈利，市场经济获得了合法化，在企业工作的年轻人为了提高发展平台和工薪水平的最大化频繁跳槽，居民的自利意识增强，把个体利益和成功当作理性选择和行为取向的标准，个体由奉献型主体转向利益型主体。但这种转变不是一蹴而就的，在转变的过程中，青年人的迷茫、中年人的认同危机，反映在文化上，文艺界出现“伤痕文学”，国民大众重新审视自己以往的生活价值观念。居民获得一定的自主空间，市场意识形态深入居民的日常生活，消费者进入大众模仿阶段，高收入者是领跑者，低收入者不断地跟进。家庭彩色电视机、电冰箱、洗衣机等耐用消费品的拥有率呈高速增长态势，信息和数字革命加速了这些耐用消费品的升级换代，唤起了人们对美好生活的热情与憧憬。2000 年初，家用汽车、健身器材、摄像机等新一波的耐用消费品进入城镇居民家庭，另外，1988 年住房制度改革，国家普遍停止福利分房，房产消费成为最大宗的耐用消费品。为资本代言的商业广告使得商品的使用价值降低，符号价值的重要性增加，影响了青少年和青年人的社会化，形塑了新的消费主体。年轻人的消费欲望不断被刺激和制造出来，追求享乐体验和时尚新

❶ 王宁．从苦行者社会到消费者社会［M］．北京：社会科学文献出版社，2009：247.

奇，“寅吃卯粮”的消费预算逐渐取代“量入为出”的预算。但勤劳节俭依然作为传统美德被继承下来，在国家层面上，邓小平同志指出：“中国搞四个现代化，要老老实实地艰苦创业。我们穷、底子薄，教育、科学、文化都落后，这就决定了我们还要有一个艰苦奋斗的过程。”[1] 艰苦奋斗与勤劳节俭在一些下层群体、中下层群体（下岗工人、农民工）和新中产阶级身上和生活上延续。

改革开放前，由事业单位承担着个体的社会保障功能，包括住房、养老、社会福利、医疗保险等，社会整合程度较高，国家抑制消费，个人工龄和权力等级差异直接影响收入差异，个体依附于单位，单位又依附于国家，单位等级地位几乎等同于个体的社会等级地位，在个人、单位和国家之间形成了强制性的依附关系结构[2]，个体的工作单位是阶层地位的符号标志。因此，个体能够容忍低消费、低生活水平，人与人之间消费的同质性较强，总体呈现平均主义。改革开放后，国家市场体制改革，国有企业改革、私营组织的起飞、市场经济的发展改变了这种依附关系，市场就业制度使得个人对工作组织的依赖利益化，城乡之间的社会流动状况加快，社会不同群体的经济收入急剧变化，社会整合程度降低，金钱成为国民大众衡量一个人成就的标准，消费在国家经济发展中的作用不断提高[3]，成为展现家庭收入和社会地位的重要指标。消费的符号工具性表现功能增强，加上国家政策、市场驱动和文化意义又分别从不同的角度鼓励、刺激个体对消费品的占有欲。[4] 在这种背景下，我们快速地迈入了消费社会，消费文化和消费程度嵌入国家制度背景和社会条件中，消费行为具有社会性和历史属性。

消费的目的不是为了使用价值实际需要的满足，而是为了欲望

---

[1] 邓小平．邓小平文选［M］．北京：人民出版社，1994：257.

[2] 李路路．“单位制”的变迁与研究［J］．吉林大学社会科学学报，2013，53（01）：11－14.

[3] 王宁．从苦行者社会到消费者社会［M］．北京：社会科学文献出版社，2009：249.

[4] 王宁．从苦行者社会到消费者社会［M］．北京：社会科学文献出版社，2009：320.

的满足，这种欲望是由现代文化和广告宣传刺激起来的，陈昕将这种生活方式称作“消费主义”[1]。消费的欲望代替了需求。“消费主义”成为大众追求个性化消费方式的主导价值观，作为一种难以遏止、广泛存在的物质占有欲，对生活的方方面面都具有渗透性。消费的影响力是如此之大以至于影响人们对生活方式意义的认知、理解和身份认同的建构以及人际关系的维护，这些在消费领域均有所体现。与新中国成立初期的“把青春献给祖国”“为人民服务”的理想相比，现在“有车有房”成为人们的幸福理想，人们的幸福感越来越通过既定的物质为象征和标志而体现出来，取决于消费水平的相对成就。人们痴迷于奢侈品，并希望凭借这些商品获得自身的社会地位与社会认可。人们通过消费表征的自己生活方式，建构自我的阶层认同，因此，消费成为社会分层机制的重要维度。

## 第二节　消费实践策略讨论

### 一、布迪厄的策略

在布迪厄看来，阶级是在社会空间中，一群条件相似、位置相近、并受到相似约束的行动者的组合，这些行动者也因为相近的位置而拥有相似的秉性（disposition），也会产生一些共同的实践。不同阶级成员具有不同的惯习、品位、生活风格，诸如艺术审美、饮食习惯、居住方式、身体秉性，等等。经济资本、文化资本、社会资本和符号资本是布迪厄划分的资本类型，其中，经济资本是最基本的、最重要的，其次是文化资本。场域的划分、资本的类型和惯习的差异相互关联。行动者在场域中的位置取决于：①所拥有的资

[1] 陈昕．救赎与消费——当代中国日常生活中的消费主义［M］．南京：江苏人民出版社，2003：7.

本的总量；②资本的构成比例，即所拥有的不同资本的相对分量，尤其是经济资本和文化资本的相对分量；③资本的数量在时间上的演变，也就是在空间上的轨道。[1] 三者内化为个体特有的阶级惯习。布迪厄依据实际资本的拥有量，将法国社会结构分为统治阶级、中间阶级和工人阶级，教育成为维持统治阶级的符号暴力机构。依据占有的经济资本和文化资本的比例，分为占有较少经济资本和大量文化资本的大学教师、艺术家等，以及占有少量文化资本和大量经济资本的企业所有者、企业高级管理者等。居于二者中间地位的个体在经济、文化资本的占有量上比较平衡 。三者在场域中占有不同的位置，他们之间相互为了争夺统治权力、资本以及对文化合法性的定义权而博弈、斗争。

作为实践活动的实践理论与实证主义唯物论相反，它提醒我们，认识的对象是构成的（construit），而不是被动记录的；它也与理智主义唯心论相反，它告诉我们，这一构成的原则是有结构的和促进结构化的行为倾向系统（systèm des dispositions），即习性，该系统构成于实践活动，并总是趋向实践功能[2]。何谓习性？布迪厄认为，条件制约与特定的一类生存条件相结合，生成习性（habitus）。习性是持久的、可转换的潜在行为倾向系统，是一些有结构的结构，倾向于作为促进结构化的结构发挥作用。[3] 习性是历史的产物，按照历史产生的图式，产生个人的和集体的、因而是历史的实践活动：它确保既往经验的有效存在，这些既往经验与感知、思维和行为图式的形式储存于每个人身上，与各种形式规则和明确的规范相比，能更加可靠地保证实践活动的一致性和它们历时而不变的特性。习性是持久的、可转换的潜在行为倾向系统，潜在行为倾向系统是继存于现时，并能在按期原则结构化的实践活动中现时化而延续于将来的

---

[1] BOURDIEU，P. Distinction ：A Social Critique of the Judgement of Taste［M］. Cambridge：Harvard University Press，1984：114.

[2] ［法］皮埃尔·布迪厄. 实践感［M］. 蒋梓骅，译. 南京：译林出版社，2012：73.

[3] ［法］皮埃尔·布迪厄. 实践感［M］. 蒋梓骅，译. 南京：译林出版社，2012：74.

过去，是外在必然性法则借以持续实施的内在法则，外在性的内在化❶。习性的感知和评价图式是所有忌避策略的根源，这些策略很大一部分是非意识和非有意忌避的产物，而不管它自动产自于生存条件，还是源自于一种策略意图（比如出于忌避“结交坏人”或“阅读坏书”这类意图），但承担责任者应是由相同条件造就的成年人自己❷。

个体的阶级轨迹对其阶层认同有显著影响，而阶层认同还对其阶级意识有形塑作用。个体当下的习性与他们职业地位和客观经济地位的相对变动有关。布迪厄认为“个体习性之间的差异源自社会轨迹的特殊性，与社会轨迹相对应的是按年代顺序排列的和不能相互化约的决定因素系列：习性时刻都在按先前经验生产的结构使新的经验结构化，而新的经验在由其选择权力确定的范围内，对先前经验产生的结构施加影响；习性从而由在统计学上为同一阶级所共有的经验进行整合，该整合受先前经验支配，是独一的”。❸ 时间是社会实践理论的重要因素，阶级社会轨迹是随着个人资本的占有量与构成比例的变动而变动的。它包括某一群体在整个社会结构的向上或向下变动，也包括个体在场域中的社会流动。外在的社会阶级结构的变化轨迹映射到个体的心迹中，进一步积淀在个体的阶级惯习中，感染着个体的生活方式和生活态度。阶级轨迹表明，阶级或阶层的成员资格并不是全部以其占有的资本来限定，个体间的相关关系在阶级或阶层的再生产中也应该考虑进去。

惯习使场域中的个体可以“即兴”采用多种现时策略以应付日常生活中存在的各种情境。布迪厄认为，现实中的社会世界不像自然界存在用以分类的绝对客观标准❹，阶级之间的边界并非用简单明

---

❶ ［法］皮埃尔·布迪厄．实践感［M］．蒋梓骅，译．南京：译林出版社，2012：76－77.

❷ ［法］皮埃尔·布迪厄．实践感［M］．蒋梓骅，译．南京：译林出版社，2012：86.

❸ ［法］皮埃尔·布迪厄．实践感［M］．蒋梓骅，译．南京：译林出版社，2012：86.

❹ BOURDIEU，P. What Makes a Social Class？On the Theoretical and Practical Existence of Groups［J］. Berkley Journal of Sociology，1987，Vol. 32，1－17.

晰的客观标准直接划分，而是在场域内的相互斗争的过程中建构起来的，并不断明确。场域从某个角度看是一个争夺资本的社会空间。个体拥有的各种资本，在占据不同场域位置的利益群体的斗争中显示能量和威力，从而使得资本不断再生产或不断增值，因此资本在场域中不是静态的，而是动态的，这决定了资本拥有者位置的变动性和场域的生命力。在场域内争斗时，策略的使用对于资本的走向和场域的运作逻辑有重要意义。在实践中，场域内存在变化多端、复杂的各种处境，个体要针对场域的具体情境和个人的资本量而采取恰当的应对方式，策略不可或缺。受习性约束的策略是惯习的具体行动图式，以具体的行动方式解构或重构社会。策略能用来对付习性生产的不可预测而又不断更新的境况，策略的取向取决于对其自身结果的预测，策略总是倾向于再生产那些生产策略的客观结构[1]，决定策略的是策略生成原则的以往生产条件，也就是说，策略是由相同的或可替换的以往实践活动之已经实现的“未来”决定的[2]。惯习是人们内化的社会世界的结构，也是积淀于个体身体上的一种精神结构，表现为知觉、评判和行动的身心图式。然而，个体在实践中有既定的行动目标与特定兴趣。因此，策略选择和使用受客观结构条件、以往的实践经验和对未来实践结果的预期的约束。在场域中位置的占据者采用种种策略不断展开斗争来维持或改善其在场域中的资本和位置。

策略不是行动者靠主观意愿或者单凭幻想产生出来的，它受习性的约束，是行动者依据场域中各种位置占有者的相关关系和对力量关系未来可能改变趋向的预测而制定出来的。利益是策略的核心要素，采取何种策略，是实践者基于利益的考虑，利益引导策略的指向和形式。每个行动者基于其在社会生活中积累的实践经验，形成了适宜于其社会地位的游戏策略的特殊本领，从惯习内化到其所

---

[1] ［法］皮埃尔·布迪厄．实践感［M］．蒋梓骅，译．南京：译林出版社，2012：86.

[2] ［法］皮埃尔·布迪厄．实践感［M］．蒋梓骅，译．南京：译林出版社，2012：86.

参与的游戏的实践逻辑中。在实践与场域中，利益的特殊性源于位置占有者资本权力的特殊性。“最有效的策略常常是符合客观结构的习性，在不作任何计算的情况下，在从最‘真实’的诚意的幻想中生成的策略：这些不带策略性计算的策略，给那些勉强可以说是此类策略的执行者带来巨大的次要利润，确保社会对非功利性表象的赞许”。[1] 策略具有非单纯功利性和非单纯理性的特点。

不同阶级的个体在各自阶级惯习的影响下，带着个体独特的阶级秉性，走入品位的场域，通过采取不同的生活风格来表达其阶级身份，展示自身与其他阶级的社会距离和关系。品位或者文化起着社会导向作用，指引场域中特定位置的人进入适合其特征的社会阶级，选择适宜位置占有者的商品或者实践。布迪厄为地位群体的解释提供了一个“阶级符号化”的模型，在这个模型里，文化差异成为衡量阶级差异的一个重要标志，换言之，阶级差异在文化领域找到了表达自己地位的方式。社会统治利益集团利用符号权力达到对社会分化的合法化，阶级的认同与归属由物质条件决定，但也是人们的感知、认识的结果，符号的可视化在此过程中功不可没。阶级的成员通过消费行为和生活风格显现出其所占据的阶级位置，阶级关系内含于生活实践活动显示的生活方式中。虽然生活方式的空间结构与阶级结构之间有一致性，但生活风格、品位、消费行为并不是机械地与其场域位置或阶级地位相对应。

## 二、农民工消费

农民工消费观念和行为呈现城乡“二元”的特征[2]。农民工从农村流动到城市，虽然工作与生活的环境发生了变化，但受到原有的农村环境下消费经验、消费习惯的影响，传统的崇尚节俭的消费习惯根深蒂固，加上收入的限制，在饮食上的消费观念是“吃饱就

---

[1] [法] 皮埃尔·布迪厄．实践感 [M]．蒋梓骅，译．南京：译林出版社，2012：87.

[2] 于丽敏．农民工消费行为影响因素研究：以东莞为例 [D]．中南大学，2010.

行”，主要在工厂的食堂就餐或自己在家煮饭，在饮食上花费很少。在服装消费上的消费观念是“衣服够穿就行”，追求实用，加上有一些企业和工厂要求工作时间内穿工作服，他们依据经济收入和需求来量入为出地购买服装，购衣地点主要集中在价格低廉的服装市场或者超市。在房租较高的大都市，为了节约住房花费，常常和工友、同事住在拥挤的集体宿舍或者条件简陋的出租屋，甚至没有固定的居所，这些消费行为沿袭了农村基本生存型消费习惯，这种消费行为在第一代40岁以上农民工消费行为上体现得比较明显。他们维持这种最低限度的生存消费的原因是想把主要的收入寄回老家用于盖房子、抚养孩子或者孙子、赡养老人等。

在业余生活上，农民工只能去超市购买基本生活用品或者打打牌，有研究认为，处于这种生活状态的农民在生活和精神上都很孤独，他们在城市找不到归属感，很难融入当地居民的生活中。农民工的生活质量一直徘徊在生存型消费边缘，涪陵榨菜因具有价格低廉、易携带的特点，成为一种备受农民工群体喜爱的食品和搭配主食吃饭的重要选择，城镇常住人口一般家庭消费榨菜的数量是固定的，一个城市榨菜的销量波动主要由流动的农民工造成，根据榨菜的销售数量和区域波动可以观察到农民工的地域流动趋势，折射出某个区域经济的冷暖，榨菜指数成为推断农民工人口流动趋向的一种方法，有较强的中国特色[1]。

在城镇工作，城镇居民的日常消费行为对农民工有示范效应，诸如与城镇居民近距离接触的室内装修工、家政保姆、酒店宾馆和餐厅的服务人员等能够感受到城镇居民的消费方式和生活格调，这些工作体验对新生代农民工原有的消费观念造成很大的冲击，城镇居民的生活方式、衣着风格和文化品位深深吸引农民工去模仿，去一些餐厅吃饭改善饮食结构，去买一些折扣品牌的衣服，注重消费

---

[1] 凤凰卫视．中国“榨菜指数”预示华南农民工或大量回流［EB/OL］.（2013－08－12）［2018－04－12］. http：// phtv. ifeng. com/program/fhzbc/detail_ 2013_ 08/12/28519556_ 0. shtml.

的档次，注重公共场合的消费礼仪，期待能够用这些掩藏或者洗刷掉农民工的身份。这种模仿在二代农民工的身上体现得尤为明显，他们往往会光顾一些品牌折扣店或带有高档品牌标识的小商品店，接受消费的各种商业宣传，对这些品牌的消费欲望被刺激和放大，使得他们舍去原有农村的消费观念和方式，但这种转换往往快于其经济收入的提高，导致他们的消费观念出现扭曲。比较明显的例子是有些青年农民工用微薄的收入去买一部 iPhone 最新款的手机以显示自己的身份地位和对高质量生活的追求，这些消费行为是他们试图模仿、融入城市生活的工具性策略，也是文化不自信的一种体现。这种消费方式更具有城市性，新生代农民工或者二代农民工接受了城镇居民的生活方式，在消费观念上出现了代际转型[1]。

新生代农民工的消费行为是其模仿城市居民生活方式与文化来积极找寻城市角色融入的社会表征，象征着他们在生活微观层面建构自我认同和觉醒主体意识的心理过程。有研究者对长江三角洲地区“80后”农民工的消费倾向进行研究，发现“80后”农民工在城市商业消费文化的渲染、城镇居民日常消费的示范效应下，受制于自身有限的经济资本，倾向摆脱一代农民工的消费意识，尝试模仿城镇居民阶层地位的外在认同，内在强化市民的消费品位和素质，用消费表征个人欲求成功的心理。[2] 以 18～25 岁的在大都市务工的打工妹为例，大城市满足了打工妹对城里人生活方式的想象，她们花很多时间和金钱做美甲、使用美白护肤的化妆品、买名牌的服装、时尚的包包和做头发来改变身体形象[3][4]，时尚的外表形象是她们采

---

[1] 严翅君. 长三角城市农民工消费方式的转型——对长三角江苏八城市农民工消费的调查研究 [J]. 江苏社会科学, 2007 (03): 224-230.

[2] 王艳华. 从消费方式透视“80后”农民工的身份认同 [D]. 中共江苏省委党校, 2008.

[3] 潘毅. 中国女工——新兴打工阶级的呼唤 [M]. 香港: 香港明报出版社, 2007: 252-253.

[4] 余晓敏, 潘毅. 消费社会与“新生代打工妹”主体性再造 [J]. 社会学研究, 2008 (03): 143-171.

用“自我转型”工具性策略来使自己像城里人。这种商品和身体象征符号消费式占有的强烈的消费偏好目的是脱离农村底层群体达到新的城里人的身份认同，这种工具性策略确实有益于直接推动打工妹群体对城市文化的适应和融入。受制于菲薄的收入，她们倾其所有地努力追赶城市现代女性的消费步伐[1]，但这种身体消费行为在打工妹身上的洗礼是融入城市生活寻求更高阶层归属的一种实践策略，也是在生活世界的微观层面与现实阶层处境中底层群体地位和农民工身份的隐性抗争。

传统农民工“候鸟式”的务工形式使得他们的收入主要用于往故乡的家里汇款，而非在务工地消费，主要原因之一是农民工的生活四处充斥着不确定性。农民工的工作存在很大的不确定性，造成工资收入的极其不确定性。家里农业种植收成的不确定性导致了生活的不确定性，健康导致了医疗支出的不确定性，社会保障体制的不完善造成养老支出的不确定性等，考虑到如此多的不确定性和风险，作为城市的匆匆过客，农民工比社会中间阶层更加谨慎地选择性消费，这加深了他们的预防性储蓄意识，挣到的工资寄回老家储存起来，期待通过减少当期消费来抵挡上述不确定性造成的家庭生活风险是他们的必然选择。这当中也隐含着农民工利用消费信贷实施负债消费的难度较大，在生活的各种不确定性条件下，农民工作为流动性约束型消费者容易偏向于增加储蓄，来保持一定的生活缓冲资金存量[2]。例如，许多已经成家且有了孩子的新生代农民工从事装修行业，他们的工作时间和地点随着接到的项目而定，全国各地跑，一个项目结束后，回到家乡或者在城市等待下个项目，这种收入的不确定性，让他们在城市的消费上处在节约的状态，挣到的工资要养孩子或者存储起来以防范不确定性工资收入对生活带来的冲击，为此他们只能降低自己的消费档次。

---

[1] 潘毅．中国女工——新兴打工阶级的呼唤［M］．香港：香港明报出版社，2007：258.

[2] 叶海云．试论流动性约束、短视行为与我国消费需求疲软的关系［J］．经济研究，2000（11）：39－44.

农民工在生命历程的不同阶段往往会为了某个特定的目标而储蓄，诸如儿子结婚，需要建新房或买房，办婚宴，迎接未来的孙子和孙女，这个储蓄目标在儿子出生时便已经定下。许多中年农民工在儿子成家立业后，为自己以后能够度过一个有病可医的晚年不给孩子添负担而努力储蓄。因此，他们的消费支出往往有较为明显的阶段性，在某个特定的阶段达到峰值[1]。这与美国经济学家提出的持久收入假说和生命周期理论有相似的地方，这两个理论均认为人们会在长时间范围内计划他们的生活消费开支，以达到他们在整个生命周期内消费的最佳配置。青年时收入较低，消费支出有可能会大于收入。老年时，收入降低，消费支出又超过收入，造成负储蓄状态。消费者只能平衡其一生的消费与收入才会效用最大化，说明消费者进行储蓄以实现跨期的均匀消费。对于没有全家迁移的农民工而言，其主要消费不是在务工的城市，而是在家乡；不是在当期消费，而是理性地储蓄起来以合理的方式应对未来生活中的大事件安排消费。

## 三、奢侈品消费对以职业为基础划分的社会中间层的区隔作用

个人或家庭经济收入是支撑中间阶层奢侈品消费的基础，较高的文化教育知识水平使得他们对奢侈品的文化意义的认同感和感知能力较强。在此，奢侈品区隔了奢侈品消费者和无奢侈品消费者。有研究者依据韦伯的地位群体的理论概念，以经济基础、生活方式和权力对身份相似的人群进行分类，区分不同的地位群体。社会中间层主要包括社会阶层结构上处在中上层、中层和一部分中下层的群体，这些人对社会资源的控制力较小，衣食无忧，生活有自主性和独立性的生存状态，注重文化意识、高雅文化和审美品位。在日

[1] 余永定，李军．中国居民消费函数的理论与验证［J］．中国社会科学，2000(01)：123－134.

常生活中，社会中间层包括创业者、小企业主、高和中层级管理者、白领职工、脑力劳动者等，他们的职业地位对奢侈品的购买和占有有着客观的外在需求，所受的教育和文化体验使得他们偏好富有品位和情调的奢侈品。这个群体的工资收入较为丰厚，追求高品质的生活，购买和占有奢侈品的目的是为了维持和表达社会交往中的阶层地位，此外，也为了个人的面子和人情，但又顾虑到经济收入有限，进行有计划的、理性的奢侈品消费，购买奢侈品时间间隔较长，购买的奢侈品的工具性目的较为强烈，因为经济收入有限，中间阶层购买的奢侈品的使用性较强，例如汽车、名表、包包等，奢侈品所用的时间也长[1]。

城市的中间层购买奢侈品，一方面是为了追求奢侈品的品质和符号意义，彰显身份地位；另一方面，也是出于传统的人情和面子购买奢侈品。有一位被访者说，在上海、深圳这样的大城市，穿戴奢侈品会使人在社会交往中更有底气、自信，如果周围的朋友都有几件奢侈品，而你没有，就会显得格格不入或者低人一等。从经济学消费研究上看，消费者的消费行为受周围人们消费水准的影响，就是所谓“示范效应”。一些经济学家认为，人们的消费行为不但受收入水平的影响，而且受其他人——主要是那些收入与其相近的人的消费行为的影响。这些人的行为具有示范效应：当消费者看到这些人因收入水平或消费习惯的变化而购买高档消费品时，尽管自己的收入没有变化，也可能仿效他人扩大自己的消费开支，或者在收入下降时也不愿减少自己的消费支出，这也是众人常说的打肿脸充胖子。于是，消费的示范效应会造成低收入水平国家居民的消费需求远远超出他们正常的水平，从而导致储蓄不足和国际收支严重逆差等问题。

齐美尔认为，“现代城市并不是一个充满社会学意义的空间实体，而是一个在空间上形成的社会学实体”。消费空间具有社会学意

[1] 林敏琪．城市中间阶层奢侈品消费研究［D］．华东理工大学，2012.

义。不同经济收入水平、文化教育程度、消费观念的群体在生活世界产生有差异性的消费空间。奢侈品和高档服装的门店装饰大都豪华气派、布局周到、精致细腻，地处文化气息浓郁的区域，奢侈品牌借助区域内在的文化象征意义凸显其文化内涵。消费空间环境和场所，给消费者带来享受的购物体验，成为消费内容的一部分。消费空间的分化也体现了消费分化最明显的方面。消费空间被符号化，本身也成为符号，并强化了不同个体消费空间的偏好选择行为，因此，符号化消费空间具有奢侈品与普通品牌、高收入人群与低收入人群的消费空间社会区隔的功能。城镇的社会流动性较大，社会阶层分化比较模糊，在眼球经济下，人们需要一种能够显示自身阶层地位，向周围的陌生群体传递自己的身份信息，并与他人构成区隔的东西来定位自己。价格昂贵的奢侈品和其消费空间构成人们自我财富地位显示和阶层认同的载体。众人通过对自己的包装和修饰，管理自己的消费，凭此建构和维持自我认同。奢侈品牌给商品的消费者进行了清晰的、可视的阶层身份定位。

## 第三节　生成性因素与表征性因素关系讨论

### 一、收入对消费的影响

伴随着计划经济体制向市场体制转变，我国的居民消费领域正在发生一场“消费革命”。城镇居民家庭消费品经由国家和单位控制与分配，个体消费处于无自主的状态，转变为由国家、市场因素、文化鼓励并刺激人们的消费需求，个人充分享有完全消费自主权的形态。经济学研究认为，消费者是不受广告传播等外在环境因素影响的、不存在消费冲动的理性人，能以适当的方式支配自己的收入来进行消费，人们的消费活动受收入的约束，经济学家用“效用”变量来阐释家庭收入对消费行为的影响和对消费品的满足程度。

凯恩斯在《就业、利息和货币通论》中提出“绝对收入假说”，即消费者的实际消费支出取决于现期可支配收入，工资的变化、可支配收入的变化和个人对收入的未来预期等作为客观因素约束个人的消费，现阶段的短期消费归结于目前的工资收入，收入增加时，消费也相应增加，短期消费在一定时期内有相对稳定性。凯恩斯的研究开创了收入水平和消费连接的先河，对后来西方消费的解释具有不可撼动的影响力，奠定了经济学消费函数的基础，但他的消费理论难以用来解释个体的长期消费实践。杜森贝利于 1949 年提出“相对收入假说”，个人的消费行为不仅受收入、偏好和价格的影响，也受周围他者（主要是收入水平相近的）消费行为的影响，即示范效应，如果周围关系相近的人的收入与消费提高了，而自己的收入并没有变化，顾忌到自身的社会地位和面子，也会努力相应地仿效他人的消费而扩大自己的开支，我国中产阶层仿效西方发达国家居民的消费习惯而购买国外的高档消费品也属于示范效应的体现。在个体或家庭可支配收入下降后的一段时间内，消费者受以往生活水平的影响不愿意消减消费支出，这种现象就是消费的“棘轮效应”，由俭入奢易，由奢入俭难。米尔顿·弗里德曼（Milton Friedman）提出“持久收入假说”，认为人们的消费支出不是决定于自己的现期收入，而是根据他的长期的或持久收入来决定的。消费者很大程度上根据持久性的长期的收入水平作出消费决策。

莫迪利安尼等人提出的“生命周期假说”与米尔顿·弗里德曼的“持久收入假说”都强调未来预期的收入对消费行为的影响，消费是为了实现效用最大化，人们的消费不是取决于现期收入，而是根据其预期寿命来分配可支配收入的储蓄与消费支出的比例，人们在家庭的长期范围内规划生活消费支出，来达到在家庭整个生命周期内消费的最大效用。凯恩斯的“绝对收入假说”强调现期消费与现期收入的联系，而“生命周期假说”则强调现期消费与家庭整个生命周期阶段的所有预期收入相联系。年轻阶段，收入偏低，消费会大于收入，进入壮年与中年后，收入增加，收入大于消费，人们不仅要还清青年的债务，还要储备养老的钱。等老年退休，消费又超过收入。因此，人们只有均衡地安排一生的收入与消费才可以实现效用最大化，消费者也必然要储蓄以实现跨期的均匀消费。利兰德（Leland）1968 年提出预防性储蓄（precautionary saving），他将不确定性引入消费函数的分析框架，认为风险厌恶倾向的消费者在未来收入不确定的状况下，倾向采用谨慎的消费行为，从而会额外地储蓄，强调储蓄、消费与不确定性的关系。个体的寿命、未来收入和信用市场的不确定性等都在相当程度上约束人们的消费和储蓄，消费支出不确定性的提高加深消费者对未来预期的忧虑，导致预防性储蓄动机增强和谨慎消费。在 2000 年前后人们对国内消费需求不足的原因讨论中，有一项是社会保障的不确定性和通货紧缩形势下“买涨不买跌”的积极储蓄心理和消极消费心理[1]。

每种消费理论假说的解释力都有限，收入对消费的约束关系的概括与抽象因时代、国家制度、经济发展水平、消费者的消费观念及其他外在因素的不同而呈现差异。从这些假说的发展上看，经济学家主要以美国的经济发展为主要研究对象，而我们中国的消费研究需要植根于本土的制度、政策、文化背景和现行的社会经济发展阶段上[2]。中国从计划经济走向市场经济、从农业社会走向工业社会甚至后现代社会、从抑制消费走向刺激消费，全面深化市场改革、制度的变迁、信息技术的革命对中国居民的消费带来深远的影响，社会风险和生活的不确定性加大。国家扩大内需、刺激消费的政策执行和对社会结构、社会不平等产生的影响需要以此为考量的基础。

21 世纪以来，城乡居民的收入水平持续稳步增长，显著地提高了城乡居民的物质生活水平，城乡收入差距呈缩小趋势。在城镇居民可支配收入中，工资性收入和转移净收入稳定增长，构成城镇居民可支配收入的主体。经济发展和居民收入的增长为居民消费结构

---

[1] 李培林，张翼．消费分层：启动经济的一个重要视点［J］．中国社会科学，2000（01）：52－61.

[2] 唐兵．建国以来中国消费者行为变迁研究［D］．西南财经大学，2010.

变迁提供了物质基础，收入与价格因素决定了消费选择的边界。消费者在现有的可支配收入和家庭财富既定的条件下，遵循最大效用原则，尽量合理地安排生活消费，对消费方案的选择主要取决于收入。收入对个人的消费水平和消费结构产生重要影响。消费是社会再生产过程的重要环节，居民消费在很大程度上决定消费水平的总体规模和发展水平，居民消费结构的变迁反过来对社会经济发展的拉动起着重要作用，正确认识和准确分析居民消费特征及变化与影响，对于加快经济发展方式转变和产业结构调整有积极的研究意义，宏观的经济发展与产业结构调整又影响微观的个人职业流动、收入水平与职业声望。

收入是影响消费支出的最主要的因素，从本书的模型 5 阶层认同对住房的广义定序 logit 模型和模型 6 阶层认同对汽车的二项 logit 模型中，也可以看出收入对住房消费和汽车消费有显著的影响。然而收入不平等对消费有抑制作用，我国现阶段的收入不平等已达到相对比较高的水平，田士超、陆铭以对上海的研究为基础发现教育是影响地区内收入差距的最重要因素[1]。教育通过作用于职业收入影响收入不平等，劳动者教育的市场化回报受市场机制的影响较多。此外，权力寻租带来的灰色收入也是研究者考察收入不平等的重要指标[2][3]，非垄断行业与垄断行业的收入报酬差异也带来了社会整体层面的收入不平等[4][5]，由于获得数据的困难，权力寻租和行业垄断对收入不平等的影响有多大还没达成共识。再分配因素中的转移性收入对各个区域内部的收入不平等的形成产生较大的影响，这种因

---

[1] 田士超，陆铭．教育对地区内收入差距的贡献：来自上海微观数据的考察［J］．南方经济，2007（05）：12－21.

[2] 陈宗胜，周云波．非法非正常收入对居民收入差别的影响及其经济学解释［J］．经济研究，2001（04）：14－23.

[3] 王小鲁．灰色收入拉大居民收入差距［J］．党政论坛，2007（10）：28－29.

[4] 金玉国．行业工资水平与垄断程度的 Granger 因果关系分析［J］．江苏统计，2001（08）：22－23.

[5] 管晓明，李云娥．行业垄断的收入分配效应——对城镇垄断部门的实证分析［J］．中央财经大学学报，2007（03）：66－70.

素也影响大、中、小城镇间和地区间的收入差距，属于国家通过调配资源而产生的不平等。在市场改革和国家制度因素连接的利益关系和机会结构中，社会的优势阶层和群体占据有利位置，更好地通过市场获得收益❶。由此可见，我国收入不平等的成因比较复杂，主要归因于经济发展的市场化因素和非市场的结构——制度因素以及具有混合性质的因素❷。

虽然弗里德曼的“持久收入假说”与莫迪利安尼等人提出的“生命周期假说”在西方发达国家的经济中有较好的验证。但是，中国的消费者一直有节俭储蓄的消费观念，私人消费信贷资本市场不完善，在生活中遇到大的事件，例如结婚生子，个人或家庭的消费支出要考虑自身的收入和家庭财富储备，除了亲戚或好友，人们难以从他人那借到钱。因此，在《史记·管晏列传》中有“仓廪实而知礼节，衣食足而知荣辱，上服度则六亲固”。在百姓心中，家中有粮心中不慌。中国居民消费支出在生命周期的不同阶段有规定性的消费高峰，以此进行储蓄，例如，年轻时结婚买房生子，中年时准备给孩子买房结婚、老年的养老。这就要求个人和家庭对收入进行储蓄来应对每个阶段的消费支出高峰。在短时间内，花完相应的储蓄，结束一个消费高峰，会为下一个消费高峰进行储蓄。我国的居民消费支出可以典型地划分为：婚前、婚后、抚养子女、赡养老人、退休等。集中财力实现这些阶段的消费效用最大化，很少考虑未来长期的消费安排。因此，我国居民消费支出有明显的阶段性，其生命周期的不同阶段存在特定的消费支出高峰以及相应的家庭或个人储蓄目标❸。无论是生命周期理论还是永久收入假说都难以适用于解释我国居民的消费实践，使用这些理论对我国居民消费需求的预测

❶ 陈光金．中国收入不平等：U型变化与不确定的未来［J］．江苏社会科学，2010（05）：1－13.

❷ 陈光金．市场抑或非市场：中国收入不平等成因实证分析［J］．社会学研究，2010，25（06）：86－115.

❸ 余永定，李军．中国居民消费函数的理论与验证［J］．中国社会科学，2000（01）：123－134.

也无法得到满意的结果。

我国经济学界的研究显示不确定性因素对居民消费有显著负效应❶，有研究者使用中国社会科学院经济研究所收入分配课题组1995年、1999年及2002年的城镇住户调查数据，结合我国经济体制转型和社会保障不完善的特殊背景发现，收入不确定性、失业风险、医疗支出的不确定性及教育支出的增加对我国城镇居民消费水平有显著的负效应，但这种负效应随着这些因素未来可预期性的变化而产生变化❷。改善社会保障制度对居民的消费有重要作用。

## 二、中等收入群体消费特征

收入水平是家庭消费的经济基础，同时个体的社会阶层地位也型塑他们的消费方式、态度和行为。马斯洛的需求理论将人的需求层次按照从低到高分为生理需求、安全需求、社交需求、尊重需求和自我实现需求。生理需求、安全需求与社交需求维持基本生存的需求，对于低收入群体来说只有维持基本生活后，才会去追求更高层次的需求。低收入群体的消费处于维持劳动力生产与再生产的基本生存的阶段，食品消费占据较大的比例，恩格尔系数较高。例如，农村居民的可支配收入中用于食品消费的比较多，耐用消费品提升得比较缓慢，婚丧嫁娶、居住消费、小孩教育和医疗支出是农村居民消费的重要部分。低收入群体还处在耐用消费品增长向服务消费增长的初期，实际购买能力不足，再加上居住、教育、医疗负担较重，消费结构升级缓慢。低收入群体（农民和普通工人）边际消费倾向较低。

中等收入群体的收入处在中等，食品消费占比下降并更注重营

---

❶ 李实，约翰·奈特．中国城市中的三种贫困类型［J］．经济研究，2002（10）：47－58.

❷ 罗楚亮．经济转轨、不确定性与城镇居民消费行为［J］．经济研究，2004（04）：100－106.

养，讲究绿色健康，恩格尔系数较低，偏好选择中档的服装和知名品牌家电的耐用消费品，生活达到小康水平。中等收入群体不一定全部属于中间阶层和中产阶层，有一部分应该是中产阶层的后备军，但中产阶层有可能包括中等收入群体。中产阶层是中等收入群体发展成熟的结果；对于国家中产阶层规模的发展壮大来说，必然要经历中等收入群体的扩大过程。[1] 中等收入群体的内部依据收入水平的差异而呈现消费的异质性。比较年轻的中等收入群体工作时间不长，经济储蓄不高并且工资较低，需要为买房、买车、结婚这个阶段性目标储蓄，面临在城市购房还房贷的压力，住房成为主要的生存性消费，压缩了现期消费支出，但当这个消费结束之后，会逐渐转向发展性消费。年龄较大、财富实力较为雄厚的中等收入群体从耐用品消费增长转变到服务消费增长，住房、汽车、旅游等成为消费热点，他们是汽车消费主力军，汽车等高档耐用消费品进入中等收入家庭，较高的收入水平为这种消费结构的升级提供经济基础。刘毅发现珠江三角洲的城镇中等收入家庭的高消费倾向主要来自于其稳定的高收入与对未来发展的良好预期以及其较高的文化背景，比如追求自我实现、自我表达和自我享乐。[2]

中等收入群体的消费档次明显比低收入群体高，清楚商品的符号含义和品牌的价值，追求生活品位、消费理性与务实是中等收入群体消费的特点，并且，购房、交通通信、医疗保健、保险、教育、文化、服务和休闲娱乐的消费在总消费支出中比重不断增加，送子女出国留学或读研是教育的主要支出。与低收入群体打牌、逛街的闲暇生活相比，中等收入群体喜欢运动健身、读书、旅游等。一句“世界那么大，我想去看看”，说动了多少写字楼里年轻白领和金领出去旅游看世界的心，活跃了旅游地区餐饮、宾馆等服务业，繁荣了旅游经济。所以，中等收入群体的生存性消费的边际消费倾向比

[1] 王开玉. 中国中等收入者研究［M］. 北京：社会科学文献出版社，2006：68－90.

[2] 刘毅. 中产阶层的界定方法及实证测度——以珠江三角洲为例［J］. 开放时代，2006（04）：76－88.

较低，而发展性消费的边际消费倾向却最高。[1] 消费结构升级与消费增长趋势，主要体现在中等收入群体身上。从中等收入群体的消费升级的轨迹可以看出，中等收入群体与低收入群体的消费结构分化，增加了二者在消费上的不平等程度。

中等收入群体之所以成为居民消费研究和制定经济发展政策关注的重点，是因为低收入群体拥有较高消费倾向但消费的购买力不足，相反，高收入群体消费购买力较大但是其消费倾向低，显然，不同收入群体呈现出不同的消费行为。冯婷婷、张淼研究发现，城镇居民的中低收入群体基本生存消费占其收入的比例较大，衣着与食品占据重要地位，并且衣着、食品、住房与交通通信的消费有较大的边际消费倾向；城镇居民中较高收入群体主要体现在发展享受型消费，在外用餐、文化娱乐、交通、住房的消费具有很大的边际消费倾向；中低收入群体的发展享受型消费对相应消费品市场价格变化的影响较大，提高城镇居民的收入水平有利于消费结构升级。[2]

中等收入群体与低收入群体相比，倾向追求更高生活品质和发展的消费，个人有通过向别人展示地位和财富获得他人尊重、高度评价和信赖的需求，中等收入群体在商场购买品牌服装和在中档餐厅享用健康绿色的饮食等消费行为向他人展示自己的收入水平和阶层地位，也在向内自我暗示自己可以在不同的生活情境中能够自信、独立地完成任务。这种内外的自尊和满足能够使人对生活和未来充满信心和热情，生活充满意义感，个人的成就得到自己、他人与社会的承认。除了收入之外，提高中等群体消费结构的因素还有居民消费观念的变化和消费政策的调整。收入提高以后，中等收入群体对生活质量的要求发生了变化，更加注重消费质量，对衣食住行的需求标准提高，希望得到他人和社会的尊重和承认，消费从重视满

[1] 张翼．当前中国社会各阶层的消费倾向——从生存性消费到发展性消费［J］．社会学研究，2016，31（04）：74－97.

[2] 冯婷婷，张淼．城镇居民不同收入阶层的基本需求及边际消费倾向研究［J］．中国人口·资源与环境，2012，22（08）：147－152.

足生理需求转向重视满足心理需求和社会性需求，消费的标识性功能增强。随着住房、教育和医疗领域逐渐市场化，它们作为服务消费所占比重快速增长，使得消费结构从温饱水平转到富裕水平，这种变化受国家政策调整和物价水平上升的影响。

高收入群体已经完成消费升级，处于炫耀性消费阶段。莫斯在他的《论礼物》中提到夸求图印第安人（Kuakiutl Indians）通过夸富宴（potlatch）在客人面前故意毁坏财产和慷慨馈赠来展现自己的财富和社会地位，对于部落里的贵族来说，夸富宴的“千金散尽”行为不仅是炫耀和奢侈消费，将自己与他人区分开来，也是确定部落场域的位置和权力的一项义务。凡勃伦在《有闲阶级论》中表述，处于统治阶层的有闲阶级以炫耀性消费彰显自己的财富和社会地位，来获得更高的声望和荣誉。商品价格具有排他作用，高收入者往往通过购买奢侈品这种消费方式将自己与中等收入群体、低收入群体区分开来，高收入群体购买动辄数万元的裙子、包包、手表和手机这些奢侈品，通过这些物品显示自己的财富和社会地位，获得较高的社会经济地位是很多高收入群体的目标和成就，除此之外，“面子”也是中国高收入群体购买奢侈品的原因。丹尼尔·贝尔区别了在理性主义和非理性主义影响下消费的差异，指出在后工业社会，“欲求”（wants）代替了“需求”（needs），这点在高收入群体的奢侈品消费中体现得最为明显。

成群结队的高收入群体在欧洲、美国、新加坡等地疯狂购买奢侈品，这是出于攀比或者身份的需要，奢侈品消费已成为现代高收入群体的炫耀性消费。奢华商品及其社会形象成为大众普遍接受的“符号载体”，象征着人们的社会经济财富和身份地位。在奢侈品消费中，人们追求的不是商品的使用价值而是炫耀、虚荣心、荣誉。有一部分不具有高收入群体消费实力的年轻消费者，为了仿效收入较高的人群，脱离自身经济承受能力和生活实际需求，甚至为了购买奢侈品不惜高负债，把购买和占有奢侈品作为进入高收入群体并获得群体资格的重要标志，形成不买最好、只买最贵的扭曲消费理念。白居易说：“天育物有时，地生财有限，而人之欲无极。以有时有限奉无极之欲，而法制不生其间，则必物暴殄而财乏用矣。”因此，人的欲望是无止境的，大部分人因为可支配收入的限制而克制自己的欲望，量力而行进行消费，奢侈品消费只能是小部分群体的消费。在上千万的农村贫困人口挣扎在生存的边缘时，在相当数量的国企下岗职工为就业发愁时，在数不清楚的青年人为一套房子努力奋斗时，节俭依然是大众消费的主流，奢侈品消费的身份区隔符号获得一定负面的形象，成为大众讨论收入不平等、地位不平等的靶子，激化社会矛盾，“郭美美”网络上奢侈品炫富事件就是一个典型的例子。每次网络上的炫富新闻，网络大众都会深拔背后的有钱人的身份地位，把这些奢侈品与政府官员腐败、“包养”行为联系在一起。

我们也应该看到消费的另外一面。消费的激烈竞争会给处于劣势阶层的群体带来过大的精神压力。消费的区分性促使同一个群体内的成员在生活消费上相互竞争，在消费的示范效应与棘轮效应下，不想被抛弃的消费者往往会采取维持或者提高消费层次的策略来维持或提高在圈子中的位置。从整个社会的角度看，消费差距的过分悬殊会使得不同群体以及同一群体内部形成有形或无形的消费竞争，给收入下降的部分居民造成精神压力，这不仅包括弱势群体，还包括一些职业地位比较高的群体。不只是社会阶层结构要扩大中产阶层来维持整个结构的稳定性，合理的消费分层结构也应该是结构调整的目标之一。在我国经济转型期，社会竞争日益激烈，奢侈消费和炫富行为扩大了不同群体的社会不平等，让他们觉得并没有分享到改革的成果，获得感极低，甚至产生相对剥夺感，形成弱势群体心理，这种现象在教师群体、法官群体和医生群体当中也有所体现。消费产品具有社会象征意义，成为不同群体间差异性比较的可视化载体，财富与收入具有隐匿性，在尊重隐私的情况下，可以选择不告诉别人，但消费是直接地显现在对方面前的，在消费严重分化的社会中，高低悬殊的消费差距意味着背后的社会财富差距与社会不平等，贫穷阶层与富有阶层的消费的过大反差会使得社会不同群体之间的关系处于紧张的状态，人们会将消费的这种差别归因于“社会不平等”，“公正失衡”的社会舆论会激化社会矛盾。社会学的“相对剥夺”的概念，是指个人与他人相比较中需求难以得到满足时的心理状态。“不公正”“不公平”的不合理性总是与相对剥夺感相联系。

对于中等收入群体消费作用的分析不能与其他收入群体割裂开来，不同收入群体的消费之间会相互影响。有研究者发现最低收入阶层与农村居民满足绝对收入假说，次低收入阶层（中低收入户）的消费受现期收入与收入不确定性的约束，边际消费倾向更低；中等收入群体（包括中等偏上户和高收入户）符合持久收入假说，具有“两栖型”消费特征；高收入群体（最高收入户）满足持久收入假说，带有炫耀性消费特征。[1] 西美尔从货币文化来看社会关系，中间阶层和底层群体通过“时尚”的模仿拉近和上层阶层的距离[2]。在收入的不同阶段，个体对同一种商品的选择偏好有较大区别，例如汽车，当个人处于低收入阶段时对自己来说是奢侈品，在高收入阶段时变成必需品，在中等收入阶段时，此产品的边际消费倾向最高。中等收入群体对发展享受型产品有极大的需求，中等收入群体具有扩大消费发展型需求的潜力和实力，这种实力建立在稳定的收入和固定财富水平之上，充足的可支配收入使得中等收入群体能够自如地应对生活中出现的不确定性。中等收入群体消费需求趋向个性化、多样化和高档化，消费支出结构不断转向更高层次，外出旅游和就餐、教育、娱乐、保健等发展享受型消费逐步增加。一方面，中等收入群体对低收入群体消费有示范作用，低收入群体在消费中参照、模仿和攀比中等收入家庭的消费；另一方面，他们也在效仿高收

---

[1] 仲云云，仲伟周. 我国消费需求不足的差异化诱因及政策建议——对不同阶层消费行为的实证分析［J］. 现代经济探讨，2010（05）：28－33.

[2] ［德］齐奥尔格·西美尔. 时尚的哲学［M］. 费勇，等译. 北京：北京文化艺术出版社，2001：70－90.

入群体的消费方式、行为和理念，奢侈品消费就是其中一个体现。

在短缺经济中，由产业发展水平与结构共同决定城镇居民的消费结构，相反，在产品过剩的当下，长期而言，产业结构的调整和发展取决于居民消费结构升级。如果中等收入群体的消费量足够大，再加上对低收入群体的示范作用，有助于推动低收入群体的消费升级，消费结构升级又扩大更高层次消费支出的范围，引起的规模效应进一步带动相关升级类消费品的产业发展，中等收入群体对于产品质量的较高要求有利于推动企业的产品创新，从而使得经济发展进入由消费驱动的良性循环的轨道，消费结构推动产业结构的调整与转型。消费结构升级有可能会导致类似产业的发展和升级，产业结构的升级反过来又作用于中等收入群体消费结构的升级。除了相关产业的发展直接作用于消费结构的升级，中等收入群体还通过其他多种渠道拉动经济的增长，从而间接促进消费结构升级。有研究发现，消费升级对中国产业结构的变化产生重要的作用，其可以解释 29.64% 产业结构的变化。[1] 钱纳里“标准产业模型”认为最终的消费结果是影响产业结构变化的主要因素。所以，中等收入群体的消费与消费结构的升级、升级类消费产业紧密相连[2]。

## 三、教育对消费的影响

教育是强化社会主导价值观的重要手段，“高消费促进经济发展”是消费主义理论的道德基础，再加上大众媒体和政府的宣传使得多数人认为消费促进经济发展，经济发展又增加人们的收入。教育程度比较高的知识中产阶级与消费主义文化的结合使得他们在科技含量或艺术含量比较高的消费产品中保持着领导地位，从对高档消费品的选择偏好上看，文化程度越高，越是偏好购买国外进口的

---

[1] 石奇，尹敬东，吕磷. 消费升级对中国产业结构的影响 [J]. 产业经济研究，2009 (06): 7 – 12.

[2] 宋建. 中国中等收入阶层与居民消费研究 [D]. 山东大学，2015.

商品，对国产的高档耐用消费品的选择倾向明显降低。[1]

个体的受教育程度通过收入对教育产生影响。近年来，收入对消费机制的影响方面的研究硕果累累，并有研究者总结概括出与之相关的消费函数理论等，为相关问题研究提供了广阔的讨论空间，丰富了消费经济学的研究。但是，受教育程度如何影响居民消费的研究成果尚不丰富，实证研究少之又少，发展至今，相关问题的研究还处在探索阶段，因此人们至今还没有挖掘出相关的理论。有研究者引入收入变量作为中间变量论证教育对消费结构的影响，认为受教育程度影响个人的工薪收入水平，进而影响其消费结构，具体体现在受教育程度越高，收入水平也普遍越高，虽然存在很多例外，比如初中教育程度的个体工商户比受大学教育水平的普通白领工资收入高。较高的收入带来消费结构的升级，收入的增加对消费结构的影响在上文已经讨论过，受教育程度在引入可支配收入之后对消费结构系数的影响不再显著，在此，收入是中介变量，教育程度通过对收入的作用进而影响消费结构[2]。

在物联网的时代，消费方式作为消费者获得商品的方式和途径受现代科技和社会政策、组织发展的影响，不仅影响个人与家庭，而且对社会整体经济的发展有重要的影响。消费方式是生活方式系统的重要组成部分。在现代社会，网上消费和信贷消费是在互联网发展和刺激消费的时代特征下的两种重要消费方式。有研究者同样使用消费结构系数这一综合性指标来评价消费结构，发现随着人们受教育水平的提高，居民对网上购物持肯定态度的比重越高，本科及以上受教育水平的居民中76%的人对网上购物持肯定态度，远高于初中及以下和高中受教育水平。学历水平对信贷消费有比较大的影响，受教育水平越高者对信贷消费持赞成态度的比重越高，学历

[1] 陈昕．救赎与消费——当代中国日常生活中的消费主义［M］．南京：江苏人民出版社，2003：153－159.

[2] 黄园．受教育程度对我国城镇居民消费结构的影响研究［D］．湖南师范大学，2014：18－28.

越高越倾向接受信贷消费方式和超前消费理念，居民对网上购物与信贷消费两种消费方式的接受程度受受教育程度的影响。[1] 除此之外，本科及以上受教育水平者更加看重品牌的质量、信誉，更加倾向个性消费，教育在提高消费者的综合素质和品位上发挥重要作用，人们的消费方式和消费观念与其所受教育水平有关，教育影响消费。但是此论述依据的分析数据只是局限于某一区域，是否可以扩展到全国需要进一步的讨论和数据验证，并且文中并没有阐释教育、收入和消费的关系。李翔、朱玉春使用2005—2011年陕西农村住户调查数据分析农村居民受教育水平对消费结构的影响，发现农村市场并没有对高学历农村居民形成有效的供给，抑制了其消费水平，相反低学历居民找到有效供给，并且消费水平不断提高，边际消费倾向低，这项实证研究同样没有深入讨论收入在其中扮演的角色，但为后续的研究提供一个分析参考[2]。

## 四、生成性因素与表征性因素

布迪厄在消费者的消费实践分析中使用“品位”“生活风格”等范畴。他认为消费作为一种实践是形成阶级区隔的重要手段，个体的社会地位和阶级成员资格归属主要通过消费实践区分开来，个体的消费模式的差异化体现为与“习性”相关的的生活品位，进一步看，品位差异化来自个体及家庭的文化资本、经济资本、场域中位置的差异。大学或者中学教师的消费模式与普通工人、农民的消费存在较大差异，主要源于其背后的文化资本和经济资本。资本总量和资本的构成比例对消费行为的偏好选择产生深远的影响。因此，布迪厄认为，不同的阶级或者阶层的个体具有不同的“习性”，而

---

[1] 张学敏，何西宁．受教育程度对居民消费影响研究［J］．教育与经济，2006（03）：1－5.

[2] 李翔，朱玉春．受教育程度对农村居民消费结构影响研究［J］．统计与决策，2013（12）：112－114.

"习性"影响人们的消费选择。在场域的不同位置中，人们的消费行为会直接或者间接表现出较大的差异性。

对消费的研究必将涉及自我与现代性的讨论，即现代性的产生体现为自我的"个体化"（individualization）过程。中国的地域流动与职业流动加快，从个体化的角度看，人们的职业流动、居住地点的改变、雇佣关系的改变以及初始社会位置的变动、自有的劳动力市场是生活个体化的动力源泉，人们独立于所继承的传统关系纽带（家族亲戚、邻里、朋友等），生活显现新的特征[1]。人们自主选择新的社会关系网络，社会连带具有更多自反性，因而受到个人的不断重构、维持与更新。职业与阶级定义的共生关系在消解，法团文化被破坏，阶级的特征也逐渐消亡，雇员生活的核心从工作体验转向家庭，在雇员的个体化社会中，社会群体丧失了稳定的认同特征，社会认同变得具有反思性，并不断变化。个体的生活方式趋向匿名化和理性化，像家庭、职业地位等传统中稳定的认同逐渐被弱化和放逐，个体的成就变得非常重要，独立性增强。生活中的社会危机转变为个体危机，人们在心理气质上出现个人的焦虑、紧张和愧疚感等，严重者走向抑郁，这也是为什么社会心态和个人心理研究如日中天的原因。[2] 在城市和后工业社会这种情况比较明显。在个体化的过程中，"为自己而活"的期待被唤醒。个体化带来了生活结构社会意义与模式的变化。这种生活虽然充满不确定性，但属于自己。虽然属于自己，但依然需要与其他人的生活相互协调，承受协调过程中产生的压力和愉悦。在生活方式审美的营造中自我表演，对于青年来说，将生活打造成具有审美味道成为一种主流思潮，[3] 将购物视为与选举投票同样重要的事情。

---

[1] ［德］乌尔里希·贝克，伊丽莎白·贝克—格恩斯海姆．个体化［M］．李荣山，范譞，张惠强，等译．北京大学出版社，2011：38.

[2] ［德］乌尔里希·贝克，伊丽莎白·贝克—格恩斯海姆．个体化［M］．李荣山，范譞，张惠强，等译．北京大学出版社，2011：42－46.

[3] ［德］乌尔里希·贝克，伊丽莎白·贝克—格恩斯海姆．个体化［M］．李荣山，范譞，张惠强，等译．北京大学出版社，2011：48.

消费社会中最有号召力的口号是“个性化消费”，在消费活动中人们能够对自己的主体地位加以确认，人与人之间存在差异，消费者购买的服装、汽车以及首饰等也都在力求寻找自己独特的个性，虽然在消费实践过程中这些差异表面上把人们区分开，但是从潜在的分层次序和归类中，可以看到所谓的差异在向范例模板趋同，这种范例模板是阶层群体组合文化的反映，消费者以某种抽象的范例或某种时尚组合形象的参照来确认自己的身份，在自我独特性的行为本身中寻找雷同，根据某些普遍范例及它们的编码，个体的需求是以集体语境为索引，差异正是以这些范例模板为出发点被生产和再生产的。因此，研究者应该把从个体个性符号之下体验的独特性置于编码符号之下的区分系统和个性化逻辑中。[1] 个性消费的面纱掩盖着作为区分符号进行的工业化和商业化的差异形式以及资本主义大工业生产在进行着对差异的垄断和集中。消费行为被看作沟通和交换的系统，是被持续发送、接收并重新创造的符号编码，是一种语言[2]。

在中国社会结构变迁的背景下，社会发展打碎计划经济体制下的社会结构，城乡的流动和地域空间的流动加快，城市不断扩张，大部分群体脱离了稳定的社会位置，摆脱了传统的、僵化的身份地位系统。多数人都面临着重新审视自己的可能，个体的有些类别归类不再是固定不变的。由工业社会普适价值影响的社会价值观的变化，在不断变换的参照群体的比较中，个体的认同需要不断地被确认，需要个体通过努力奋斗维持甚至改善，个体的反思性在阶层认同的建构过程中体现得较为明显。随着消费在国家经济命脉中的地位不断提高，展现家庭财富收入和社会地位的象征性作用的工具表现功能增强，使得消费社会区分的功能变得非常强大，某些消费指

[1] [法] 波德里亚．消费社会 [M]．刘成富，全志钢，译．南京：南京大学出版社，2000：87.

[2] [法] 波德里亚．消费社会 [M]．刘成富，全志钢，译．南京：南京大学出版社，2000：88.

标的社会区分作用甚至超过了收入和职业。

这种现象在凡勃伦的《有闲阶级论》中也有所体现，在当时法国传统社会，虽然身份等级地位和头衔是社会区分的重要标准，但随着资本家群体的蓬勃发展，这种传统的区分标准逐渐变得低效，人们在初次见面或者在偶然遇到中更多是通过外在的物质产品和服务来给他人留下深刻印象。具有展现社会地位作用的炫耀性消费或者铺张浪费的奢侈性消费应运而生。这种依靠消费分层的机制在当下的社会依然非常重要。但是随着社会大众的平均受教育水平的提高及平等意识和权力意识的增强，人们开始有意识地避免这种浮夸虚荣的社交互动方式，赤裸裸的炫富行为并不一定能获得他人的尊重，甚至被人们摈弃和反感。一个间接的例子，很多人愿意把自己的家庭归于书香门第，而不愿意被称为暴发户，暴发户往往与没有品位的高档消费相联系。这与布迪厄的“惯习”相关。由经济资本与文化资本一起决定的“惯习”起着社会区隔的作用，书香门第意味着文化资本较多，经济资本不少，但也不是很多，并且父母或者祖辈以及亲戚均有很高的教育水平和综合素养，在谈吐上温文尔雅，在着装上比较知性等，书香门第的孩子耳濡目染地继承了父母的这些优点。而暴发户的父母或者祖辈及亲戚多数是小学甚至初中文化水平，父辈生活在农村或者城市的底层，举止言谈比较粗鲁，衣着比较浮夸，消费上铺张浪费等，基于这种刻板印象，人们认为暴发户家庭的孩子同样继承了这种缺点。所以，更多的明星在自身形象的塑造上更喜欢把自己归为书香门第的家庭。一个人的着装、身体上的举止姿势、生活习惯和思想见解等都是社会区分的主要方面，占据统治地位的品位和生活风格获得“合法性地位”。因此，随着当代社会的匿名性增强和崇尚个体化消费，消费在社会分层中的作用更加丰富、触及的面更广、也更加隐蔽。[1]

---

[1] 朱迪．品味与物质欲望——当代中产阶层的消费模式［M］．北京：社会科学文献出版社，2013：207.

在当下的中国，随着工业化社会和后工业社会的来临，人们的各种消费品被标准化批量生产，消费品和文化产品的生产工业化形式使得大众文化和消费观念迅速普及，各行各业的个体都有可能发展出体现个人风格的消费，形成形形色色的生活品位与格调。法兰克福学派曾认为，在文化消费产品被迅速批量生产，占据主要的消费市场时，人们的消费品位更多是被大众媒体广告控制了，阶层之间的边界愈加模糊。受后现代文化思潮的影响，人们对品位和风格的认同貌似与职业、收入、家庭背景的关系渐渐疏远，在不同群体消费的示范效应和模仿规则下，农村的年轻夫妇在小孩教育和营养健康上的消费与城镇同龄人在这方面的消费差异越来越小。人们对成功人士的刻板印象往往是笔挺的西装、精致的领带和奢侈的皮鞋，但是苹果的创始人乔布斯以及 Facebook 的扎克伯格常常以简洁的 T 恤搭配牛仔裤出现在媒体和大众面前，人们慢慢地接受了他们的特殊穿搭风格，甚至引起他人的模仿。因此，有些研究者认为阶级、阶层和社会结构对个人消费的影响在逐渐消解，人们的生活方式和消费选择不再受社会结构的控制，市场因素的驱动使得个人的个性化选择日趋多元化和自由化。即消费和社会结构关系微弱甚至没有关系[1][2]。有研究认为，个体消费的个体化特征增强，“合法性品位”不再是社会区分的主要机制。在争锋对立、纷繁复杂的学术讨论中，是布迪厄的阶级理论更贴合中国的消费阶层差异，还是法兰克福学派的想法更好地揭示出中国大众消费的个体化呢？

生成性因素与表征性因素对应的是影响个体认同的生产领域和消费领域，作为影响个体阶层认同的不同领域，两者存在怎样的关系呢？个体的表征性因素是独立存在还是依附于生成性因素呢？从传统上看，由消费实践所引起的身份资格归属和社会区隔是基于生

❶ BECK, ULRICH. Risk Society : Towards a New Modernity [M]. London: Sage, 1992: 91 - 103.

❷ Jackson, Peter. Consumption and Identity : The Cultural Politics of Shopping [J]. European Planning Studies, 1999, vol. 7, 25 - 29.

活领域的制度、意识形态、阶层地位、收入、受教育水平和职业特征等，尽管消费者的选择行为和身份认同有自己的主体性和能动性以及想象的空间，甚至有反抗的可能，但无可否认，以收入、教育和职业构成的生成性因素是消费的物质条件，影响消费观念和消费方式，对消费行为偏好的选择具有决定作用。布迪厄的区隔理论最具有代表性，他认为不同场域中的经济资本、文化资本和符号资本共同决定着个体的消费惯习和习性，习性约束着个体的生活方式、风格和品位。消费除了满足个体的基本需求，还有社会区隔的功能，区隔一方面强化群体内的同质性，另一方面突出群体间的差异性。个体要获得某个群体资格除了需要财富和阶层地位，还要在文化和品位上努力模仿并内化到生活实践中。韦伯的地位群体概念也突出生活风格和品位对个人阶层或阶级归属的重要性，这是很多从农村流入城镇的白领阶层一直努力做的事情。

从我国的文化观念上看，虽然儒家文化重视节俭，但是在以“礼”为表征的等级秩序中，个人的衣着、乘坐的马车等均体现出个人的等级地位，世俗之人生活上虽然崇尚节俭，但是依然需要翩翩裘马和楚楚衣裳来表达自己的阶层地位和身份，如果一朝发迹，不能衣锦还乡，却还是衣着褴褛，那么所获得财富和地位就如同花藏叶中，月人云中。我们不仅继承了儒家和道家的节俭文化，同时也继承了世俗的风气。国家体制改革前，由于需要集中精力发展重工业，国家抑制消费，主张艰苦奋斗和节俭。个体之所以能够容忍低消费是因为单位制的存在，城镇中各个群体的基本生活均依托于工作单位，工作单位满足了子女就业、社会保障、社会福利、住房等需求，并赋予个体与单位级别相关的社会地位和合法身份，个人对单位全面依赖，国家的整合程度比较强。个人工作单位的体制类型和等级对个人客观社会经济地位的决定性影响，是个人社会及等级地位的重要标识。但是随着改革开放，国家对国有单位进行抓大放小，单位制走出城镇居民的生活，个人与工作单位的关系是一种市场化的契约关系，企业内部等级增加，金融、保健、贸易和政府机构等服务业的扩张带动更多的人在企业工作，成为中等收入的白领。[1] 工作单位不再直接反映个体的阶层地位。消费在经济发展中的作用越来越高，在生活中的标识功能越来越强，品牌的市场价值越来越大。人们的消费与国家宏观制度、意识形态、文化观念、政策密切相关。

职业技能等级、在工作中的管理地位、工作单位的所有制单位类型、受教育程度等直接影响个人的收入水平，间接影响个人的消费等级。例如，一位普通的女教师在教学过程中穿着朴素随意，一旦这位女教师荣升至院系的院长或者书记，为了显示自己能够胜任这份工作和自己的地位，她会比较注意自己的衣着形象，可能会选择中档或者高档的职业装，这种现象在事业单位比较明显，通过考察消费的变化可以帮助我们认识不同职业地位的相对变化。除此之外，社会保障制度和国家的再分配制度也影响个人的消费变化，在农村的精准扶贫政策下，对于建档立卡的贫困户，政府减免他们的孩子上学的费用和家人就医的费用，并实施危房改造工程，在农村家庭消费中，住房、教育和医疗是农村家庭的重要支出。消费是个人收入、阶层地位和家庭财富的反映，是社会分化在消费领域的体现和结果。位于同一个消费阶层的个体在消费水平、消费观念、消费结构与消费方式方面具有同质性，消费偏好和消费需求的满足程度大体相当。

消费对社会地位的标识和对职业获得的影响使得某大宗产品的消费成为人们社会分层和交往圈子更换的重要标志，生活中不同的圈子之间有各自相对稳定的位置和资本数量，并保持相对的距离，在社会网络研究和地位获得模型的研究中，以财富为支撑的高消费的群体更容易获得较优越的资源。人们甚至因为消费某一款产品而形成相应的交际圈。有车有房是步入中产阶层的标配。以某个汽车品牌或款式结成的车友会就是一个比较好的例子，之所以能够形成

[1] ［美］丹尼尔·贝尔. 后工业社会的来临——对社会预测的一项探索［M］. 高铦，等译. 北京：商务印书馆，1984：149－150.

一个车友会是假设大家能够买同款车，那么大家的消费水平和财富水平相差不大，平时交流时会有更多共同语言和类似的惯习，以后能够一起分享资源，相互帮助。因此，消费成为我们理解社会结构变迁和居民生活方式变迁的一个重要窗口。

除了布迪厄对消费的讨论外，从消费经济学上看，收入对消费有约束功能。城乡居民的收入水平持续稳步增长是消费增长和消费结构升级的物质基础。城镇居民可支配收入中的工资性收入稳定增长说明个体工作收入的稳定性增加，不确定性相对减少。个体对现阶段的消费方案选择主要取决于储蓄和现期收入，消费者在现有的可支配收入和家庭财富既定的条件下，遵循最大效用原则，尽量合理地安排生活消费。不同收入群体之间的消费相互影响，无法割裂。中等收入群体对低收入群体的消费有示范效应，而又模仿高收入群体的消费，因此中等收入群体的消费结构升级对产业结构的转型和企业创新有推动作用。教育程度影响个体的消费方式，通过收入影响消费选择偏好。收入和家庭财富对消费有约束作用。基于此，笔者赞成传统看法，由收入、教育和职业构成的生成性因素对消费方式、消费偏好、消费观念具有决定性作用，在当代中国，职业、收入和教育水平在区分不同个体间的生活机会与社会地位的时候仍然发挥重要的作用。威尔斯卡（Wilska）通过对芬兰 1999 年的生活方式统计数据的分析发现，即使在典型的消费社会芬兰，经济条件、社会结构和人口特征等宏观结构因素与个体微观的性别、年龄、收入、阶级地位等共同影响个体的消费方式与身份认同，后者并没有显现“个体主义”的特征[1]。瓦德（Warde，Alan）延续了布迪厄的品位区隔思路，强调个体是在自身品位的基础上对他者的生活品位做出相应的判断，个人的品位判断同个人的文化资本、经济资本有关，甚至同在场域中的位置和权力交织在一起，而成为社会区分的

---

[1] TERHI - ANNA WILSKA. Me — A Consumer? Consumption, Identities and Lifestyles in Today's Finland [J]. Acta Sociologica, 2002, vol. 45, 195 - 210.

重要机制。[1]

## 第四节 小 结

随着我国经济体制改革与社会结构转型，工业化、城市化与现代化进程的加快，高铁连通各个城市、高楼鳞次栉比，清洁绿色的新能源、智能化的人机交互走进人们的视野，《厉害了，我的国》里中国桥、中国路、中国车、中国港、中国网等激发了国民的自豪感与荣誉感，民众的收入和财富不平等程度亦大幅提升，恩格尔系数持续下降，私家车普及，用于文化、娱乐方面的消费大幅度增长。在这种祥和富足的画面下，我们关心的不仅在于人们客观阶层地位的提高，同样看重在这种社会事实下，人们在主观上如何看待自己的阶层归属，阶层认同形成的影响因素有哪些？本书利用中国社会综合调查（CSS）2015 年数据使用广义定序 logit 模型比较了生成性因素与表征性因素对阶层认同的影响。在数据模型分析中，以家庭收入、教育、职业阶层、工作专业技能、职业管理位置、工作单位类型为基础的生成性因素对阶层认同有显著影响。由家庭消费、家庭教育支持、家庭文化支出、家庭服装支出、汽车和住房构成的表征性因素对阶层认同也有显著影响，生成性因素与表征性因素对阶层认同均具有较强的解释力和预测力，从模型差异的似然比检验、Nagelkerke 决定系数 $R^2$、准确预测概率三个角度看，生成性因素对阶层认同的解释力要比表征性因素更强，起着更为基础的作用。

家庭收入、职业阶层、工作管理地位变量对阶层认同由低到高的渐进累积序次变化的作用效果（发生比之比）是相等的。教育、工作专业技能、工作单位类别变量对阶层认同由低到高的渐进累积序次变化的作用效果是存在差异的。与生活在农村地区的居民相比，

[1] WARDE，ALAN. Dimensions of a Social Theory of Taste［J］. Journal of Cultural Economy，2008，vol. 1，321 - 336.

生活在城镇地区的居民偏向较低的阶层认同。教育仅仅在社会下层类别与中下层、中层和上层类别的比较时，与拥有初中及以下教育程度的个体相比，拥有高中教育与大学及以上教育水平的个体倾向选择更高的阶层认同，但是初中及以下与高中教育水平的差别更为明显，显著性更高。工作中不需要专业技能的个体受教育水平主要集中在初中及以下，需要很高专业技能的个体受教育水平主要集中在获得大学及以上。在国有企业的人的受教育水平主要是大学及以上受教育水平，无工作单位的个体中主要是初中及以下受教育水平。在教育同质性较强的技能类别和工作单位类型中，教育对阶层认同影响的净效益较小。

在职业阶层变量中，产业工人与商业服务员的阶层认同归属显著低于农业劳动者阶层。个体工商户、办事人员、专业技术人员、企业经理人员、私营企业主、国家与社会管理者对阶层认同的选择与农业劳动者之间无显著差异，因此，职业对阶层认同有显著影响，但并不是随着职业阶层的提高，阶层认同的序次类别也会提高。职业技能对阶层认同有显著影响，但也是并非随着职业技能增加，阶层认同也相应提高。工作中需要一些专业技能的个体与不需要专业技能的个体在阶层认同上无差异，只有工作中需要较高专业技能和很高专业技能才对阶层认同有显著的影响，工作所需的技能程度对阶层认同的影响存在断层效应。工业化、城市化、市场化使得有技术资源者与无技术资源者之间差距拉大，这种差距影响个体的阶层认同。单位类别依然是影响阶层认同的重要变量，国有企业和私营企业工作的员工比无工作单位的个体倾向选择更高的阶层认同，国有企业员工选择较高阶层认同的可能性高于私营企业员工。工作中，管理地位对阶层认同有显著影响。随着在组织中工作管理地位的提升，阶层认同的序次类别也会提高，只受别人管理的精英群体选择较高阶层认同的发生比之比最大。

家庭消费支出、家庭教育支出、家庭文化支出对阶层认同没有显著的影响，家庭服装支出、汽车和住房构成的表征性因素对阶层认同的影响显著，并且对阶层认同由低到高的渐进累积序次变化的作用效果（发生比之比）是相等的。家庭服装消费支出、住房和汽车对阶层认同有显著的正向影响，随着衣着、汽车、住房消费的增加，阶层认同的序次类别分别也会提高。除此之外，可以看出阶层认同对住房消费有显著正向影响，但是呈现非线性关系。阶层认同对汽车消费也有显著正向影响。通过生成性因素与表征性因素的关系讨论，发现由收入、教育和职业构成的生成性因素对消费方式、消费偏好、消费观念具有决定性作用。在当代中国，职业、收入和教育水平在区分不同个体间的生活机会与社会地位的时候仍然发挥重要的作用。

通过对模型影响因素的进一步讨论，有三点值得深思：①在农村地区，具有稳定关系的亲属、同社区的邻里、熟悉的朋友是农业劳动者阶层认同归属的主要参考群体。在城镇地区，居民一方面将具有稳定关系的家族亲属、朋友、同事当作参考群体，另一方面社会范畴化的外群体，例如同辈群体、教育程度相近的群体、职业地位相近的群体、有房的群体等，也逐渐成为城镇居民自我评价的重要参考群体。城镇地区的产业工人与商业服务人员收入不高，与不同群体的接触面比较广泛，接触的频率较高，比较容易选择不同社会范畴外的群体作为自己的参考群体，同时与这两个群体在改革开放前的社会地位与福利待遇相比，其整体社会经济地位的下降也使其产生群体相对剥夺感，传统产业工人体现得尤为明显。②在社会结构和心智结构的分析框架下，学历不仅是筛选进入主、次要劳动力市场的重要影响因素，不同单位类型、不同职业技能、不同职业阶层的群体的学历水平出现明显的区隔，群体内的教育水平差异较小，群体间的教育水平差异较大，在群体内，教育水平对阶层认同的净效益影响较小就可以得到解释。③不是所有消费品的占有均对个体社会地位评价有区分的功能。家庭总消费支出、家庭教育支出、家庭文化支出的社会象征意义的区分性比较小，不适合作为衡量社会地位差异性的标准。服装、汽车和住房三者影响人们的阶层认同、社会态度取向和行为方式的选择以及生活的意义或想象，具有明显的消费差异区分性。

前述对本书的主要研究结果进行了总结。当然，本书仍有不少缺陷和需要改进之处。第一，由于受到数据资料限制，书中研究的是个人的阶层认同，使用的中国社会综合调查（CSS）2015 年数据中没有个人消费数据，只有家庭的消费数据，例如，家庭衣着消费支出、家庭教育支出，均以家庭为测量单位。但是，现实中又难以找到测量个人消费的数据，市场的消费数据调查中又不关心阶层认同这样的基础问题，所以只能使用家庭消费数据。第二，本书从生成性因素和表征性因素两个角度对阶层认同形成进行解释，但受学力所限，对这两个理论角度的理解和解释都难免偏颇，仍待在今后的研究中进一步完善。

# 参考文献

## 一、中文部分

（一）著作及资料汇编

［1］马克思，恩格斯．马克思恩格斯选集（第1卷）［G］．北京：人民出版社，1972.

［2］马克思，恩格斯．马克思恩格斯全集（第4卷）［G］．北京：人民出版社，1965.

［3］邓小平．邓小平文选［G］．北京：人民出版社，1994.

［4］边燕杰．市场转型与社会分层：美国社会学者分析中国［M］．北京：生活·读书·新知三联书店，2002.

［5］陈昕．救赎与消费——当代中国日常生活中的消费主义［M］．南京：江苏人民出版社，2003.

［6］郭志刚．社会统计分析方法：SPSS软件应用［M］．北京：中国人民大学出版社，2015.

［7］孔丘．论语［M］．北京：北京中华书局，2012.

［8］李斌．中国城市居住空间阶层化研究［M］．北京：光明日报出版社，2013.

［9］李春玲．断裂与碎片：当代中国社会阶层分化实证分析［M］．北京：社会科学文献出版社，2005.

［10］李觏．李觏集［M］．北京：中华书局，2011.

［11］李聃．老子［M］．北京：中华书局，2011.

［12］李培林，张翼，赵延东，等．社会冲突与阶级意识——当代中国社会矛盾问题研究［M］．北京：社会科学文献出版社，2005.

［13］李实，张平，魏众，等．中国居民收入分配实证分析［M］．北京：社会科学文献出版社，2000.

［14］李渔．闲情偶寄［M］．西安：三秦出版社，2008.

［15］林晓珊．汽车梦的社会建构：中国城市家庭汽车消费研究［M］．北京：社会科学文献出版社，2012：195.

［16］陆学艺．当代中国社会阶层研究报告［M］．北京：社会科学文献出版社，2002.

［17］陆学艺．当代中国社会结构［M］．北京：社会科学文献出版社，2010.

［18］潘毅．中国女工：新兴打工阶级的呼唤［M］．香港：香港明报出版社，2007.

［19］彭华民．消费社会学新论［M］．北京：北京师范大学出版社，2011.

［20］钱民辉．教育社会学：现代性的思考与建构［M］．北京：北京大学出版社，2005.

［21］沈晖．当代中国中间阶层认同研究［M］．北京：中国大百科全书出版社，2008.

［22］王开玉．中国中等收入者研究［M］．北京：社会科学文献出版社，2006.

［23］王俊秀，杨宜音．中国社会心态研究报告（2017）［M］．北京：社会科学文献出版社，2017.

［24］王存同．进阶回归分析［M］．北京：北京高等教育出版社，2017.

［25］王宁．从苦行者社会到消费者社会［M］．北京：社会科学文献出版社，2009.

［26］王宁．消费社会［M］．2 版．北京：社会科学文献出版社，2011.

［27］伍庆．消费社会与消费认同［M］．北京：社会科学文献出版社，2009.

[28] 夏传玲．权杖和权势：组织的权力运作机制［M］．北京：中国社会科学出版社，2008.

[29] 颜子推．颜氏家训［M］．北京：中华书局，2011.

[30] 中共中央文献研究室．建国以来重要文献选编（第五册）［M］．北京：中央文献出版社，1993.

[31] 中共中央文献研究室．十五大以来重要文献选编（上）［M］．北京：中央文献出版社，2000.

[32] 中国社会科学院社会学研究所．中国社会学年鉴：1992.7—1995.6［M］．北京：中国大百科全书出版社，1996.

[33] 周晓虹．中国中产阶层调查［M］．北京：社会科学文献出版社，2005.

[34] 朱迪．品味与物质欲望——当代中产阶层的消费模式［M］．北京：社会科学文献出版社，2013.

[35] ［美］埃里克．H. 埃里克森．同一性：青少年与危机［M］．孙名之，译．杭州：浙江教育出版社，1998.

[36] ［美］埃里克·奥林·赖特．后工业社会中的阶级：阶级分析的比较研究［M］．陈心想，等译．沈阳：辽宁教育出版社，2004.

[37] ［英］安东尼·吉登斯．现代性与自我认同［M］．赵旭东，方文，王铭铭，译．北京：生活·读书·新知三联书店，1998.

[38] ［法］鲍德里亚．消费社会［M］．刘成富，全志钢，译．南京：南京大学出版社，2000.

[39] ［美］保罗·福赛尔．格调：社会等级与生活品味［M］．梁丽真，等译．北京：中国社会科学出版社，1993.

[40] ［美］戴维·格伦斯基．社会分层［M］．王俊，等译．2版．北京：华夏出版社，2005.

[41] ［美］丹尼尔·贝尔．后工业社会的来临：对社会预测的一项探索［M］．高铦，等译．北京：商务印书馆，1986.

[42] ［美］丹尼尔·贝尔．意识形态的终结［M］．张国清，

译．南京：江苏人民出版社，2001.

［43］［英］E. P. 汤普森．英国工人阶级的形成［M］．钱乘旦，等译．南京：译林出版社，2013.

［44］［美］凡勃伦．有闲阶级论［M］．李华夏，译．北京：中央编译出版社，1964.

［45］［英］拉德克利夫·布朗．原始社会的结构与功能［M］．潘蛟，王贤海，刘文远，等译．北京：中央民族大学出版社，1999.

［46］［美］廖福挺（Tim Futing Liao）．解释概率模型：Logit、Probit 以及其他广义线性模型［M］．周穆之，译．上海：格致出版社，2014.

［47］［美］罗伯特．K·默顿．社会理论和社会结构［M］．唐少杰，齐心，等译．南京：译林出版社，2008.

［48］［英］迈克·费瑟斯通．消费文化与后现代主义［M］．刘精明，译．南京：译林出版社，2000.

［49］［美］彼得·布劳．不平等和异质性［M］．王春光，谢圣赞，译．北京：中国社会科学出版社，1991.

［50］［法］皮埃尔·布迪厄．实践感［M］．蒋梓骅，译．南京：译林出版社，2012.

［51］［法］皮埃尔·布迪厄．国家精英：名牌大学与群体精神［M］．杨亚平，译．北京：商务印书馆，2004.

［52］［法］皮埃尔·布迪厄．实践感［M］．蒋梓骅，等译．南京：译林出版社，2003.

［53］［英］齐格蒙·鲍曼．后现代性及其缺憾［M］．郇建立，译．上海：学林出版社，2002.

［54］［英］齐格蒙·鲍曼．后现代伦理学［M］．张成岗，译．南京：江苏人民出版社，2003.

［55］［德］乌尔里希·贝克，［英］安东尼·吉登斯，斯科特·拉什．自反性现代化：现代社会秩序中的政治、传统与美学［M］．赵文书，译．北京：商务印书馆，2014.

[56] [德] 乌尔里希·贝克，伊丽莎白·贝克—格恩斯海姆. 个体化 [M]. 李荣山，范譞，张惠强，等译. 北京大学出版社，2011.

[57] [德] 西美尔·齐奥尔格. 时尚的哲学 [M]. 费勇，等译. 北京：北京文化艺术出版社，2001.

[58] [美] 威廉·朱莉叶斯·威尔逊. 真正的穷人——内城区、底层阶级和公共政策 [M]. 成伯清，鲍磊，张戌凡，译. 上海：上海人民出版社，2007.

[59] [美] 约翰·奥尼尔. 身体形态——现代社会的五种身体 [M]. 张旭春，译. 沈阳：春风文艺出版社，1999 年.

（二）论文

[1] 边燕杰，刘勇利. 社会分层、住房产权与居住质量——对中国“五普”数据的分析 [J]. 社会学研究，2005 (03).

[2] 蔡禾，赵钊卿. 社会分层研究：职业声望评价与职业价值 [J]. 管理世界，1995 (04).

[3] 陈宗胜，周云波. 非法非正常收入对居民收入差别的影响及其经济学解释 [J]. 经济研究，2001 (04).

[4] 陈志武. 国有制和政府管制真的能促进平衡发展吗?——收入机会的政治经济学 [N]. 经济观察报，(2006 -1 -2)。

[5] 陈光金. 中国收入不平等：U 型变化与不确定的未来 [J]. 江苏社会科学，2010 (05).

[6] 陈光金. 市场抑或非市场：中国收入不平等成因实证分析 [J]. 社会学研究，2010，25 (06).

[7] 陈光金. 不仅有“相对剥夺”，还有“生存焦虑”——中国主观认同阶层分布十年变迁的实证分析 (2001—2011) [J]. 黑龙江社会科学，2013 (05).

[8] 高勇. 地位层级认同为何下移　兼论地位层级认同基础的转变 [J]. 社会，2013 (04).

[9] 管健. 社会表征理论的起源与发展——对莫斯科维奇《社会表征：社会心理学探索》的解读 [J]. 社会学研究，2009 (04).

［10］管晓明，李云娥．行业垄断的收入分配效应——对城镇垄断部门的实证分析［J］．中央财经大学学报，2007（03）．

［11］方文．转型心理学：以群体资格为中心［J］．中国社会科学，2008（04）．

［12］范晓光，陈云松．中国城乡居民的阶层地位认同偏差［J］．社会学研究，2015，30（04）．

［13］傅允生．去奢从简：中国古代消费观溯源——从孔子、老子消费思想说起［J］．现代财经－天津财经大学学报，2000（10）．

［14］冯仕政．中国社会转型期的阶级认同与社会稳定——基于中国综合调查的实证研究［J］．黑龙江社会科学，2011（03）．

［15］冯婷婷，张森．城镇居民不同收入阶层的基本需求及边际消费倾向研究［J］．中国人口·资源与环境，2012（08）．

［16］韩钰，仇立平．中国城市居民阶层地位认同偏移研究［J］．社会发展研究，2015（01）．

［17］华红琴，翁定军．社会地位、生活境遇与焦虑［J］．社会，2013（01）．

［18］黄园．受教育程度对我国城镇居民消费结构的影响研究［D］．湖南师范大学，2014．

［19］李斌，王凯．中国社会分层研究的新视角——城市住房权利的转移［J］．探索与争鸣，2010（04）．

［20］李春玲．当前中国人的社会分层意识［J］．湖南社会科学，2003（05）：76－79．

［21］李春玲．当代中国社会的声望分层——职业声望与社会经济地位指数测量［J］．社会学研究，2005（02）．

［22］李培林，张翼．消费分层：启动经济的一个重要视点［J］．中国社会科学，2000（01）．

［23］李培林．社会冲突与阶级意识当代中国社会矛盾研究［J］．社会，2005（01）．

［24］李培林，张翼．中国中产阶级的规模、认同和社会态度

[J]. 社会，2008（02）.

［25］李路路．“单位制”的变迁与研究［J］. 吉林大学社会科学学报，2013（01）.

［26］李路路．社会结构阶层化和利益关系市场化——中国社会管理面临的新挑战［J］. 社会学研究，2012（02）.

［27］李汉林．中国单位现象与城市社区的整合机制［J］. 社会学研究，1993（05）.

［28］李强．转型时期城市“住房地位群体”［J］. 江苏社会科学，2009（04）.

［29］李强，刘海洋．变迁中的职业声望——2009 年北京职业声望调查浅析［J］. 学术研究，2009（12）.

［30］李实，约翰·奈特．中国城市中的三种贫困类型［J］. 经济研究，2002（10）.

［31］李翔，朱玉春．受教育程度对农村居民消费结构影响研究［J］. 统计与决策，2013（12）.

［32］林敏琪．城市中间阶层奢侈品消费研究［D］. 华东理工大学，2012.

［33］刘平，王汉生，张笑会．变动的单位制与体制内的分化——以限制介入性大型国有企业为例［J］. 社会学研究，2008（03）.

［34］刘欣．转型期中国大陆城市居民的阶层意识［J］. 社会学研究，2001（03）.

［35］刘欣．相对剥夺地位与阶层认知［J］. 社会学研究，2002（01）.

［36］刘彦，靳晓芳．城乡居民家庭消费支出与阶层认同——基于 CGSS2010 的数据分析［J］. 兰州交通大学学报，2015（02）.

［37］刘精明，李路路．阶层化：居住空间、生活方式、社会交往与阶层认同——我国城镇社会阶层化问题的实证研究［J］. 社会学研究，2005（03）.

［38］刘祖云，毛小平．中国城市住房分层：基于2010年广州市千户问卷调查［J］．中国社会科学，2012（02）．

［39］刘毅．中产阶层的界定方法及实证测度——以珠江三角洲为例［J］．开放时代，2006（04）．

［40］梁玉成，贾小双．中国特大城市中等收入群体的职业特征［N］．中国社会科学报，2016（05）．

［41］卢福营，张兆曙．客观地位分层与主观地位认同［J］．中国人口科学，2006（03）．

［42］罗楚亮．经济转轨、不确定性与城镇居民消费行为［J］．经济研究，2004（04）．

［43］陆益龙．乡村居民的阶级意识和阶层认同：结构抑或建构——基于2006CGSS的实证分析［J］．江苏社会科学，2010（01）．

［44］陆益龙．态度、认同与社会分层的主观建构——基于2008CGSS的描述性分析［J］．湖南社会科学，2011（05）．

［45］凤凰卫视．中国"榨菜指数"预示华南农民工或大量回流［EB/OL］．（2013－08－12）［2018－04－12］．http：//phtv.ifeng.com/program/fhzbc/detail_2013_08/12/285195 56_0.shtml.

［46］冯婷婷，张淼．城镇居民不同收入阶层的基本需求及边际消费倾向研究［J］．中国人口·资源与环境，2012（08）．

［47］金玉国．行业工资水平与垄断程度的Granger因果关系分析［J］．江苏统计，2001（08）．

［48］马广海．存在、认同与冲突：转型期我国社会的阶层意识概览［J］．山东社会科学，2011（05）．

［49］马继迁．"城中村"村民阶层认同的影响因素分析——基于江苏省常州市小庙村的调查［J］．湖北社会科学，2012（10）．

［50］马莉萍，岳昌君．我国劳动力市场分割与高校毕业生就业流向研究［J］．教育发展研究，2011（03）．

［51］闵学勤．空间拜物：城市青年住房消费的仪式化倾向［J］．中国青年研究，2011（01）．

[52] 秦阿琳. 社会分层对教育消费的影响研究 [D]. 湖南师范大学, 2005.

[53] 石奇, 尹敬东, 吕磷. 消费升级对中国产业结构的影响 [J]. 产业经济研究, 2009 (06).

[54] 宋建. 中国中等收入阶层与居民消费研究 [D]. 山东大学, 2015.

[55] 宋庆宇, 乔天宇. 中国民众主观社会地位的地域差异 基于对 CFPS2012 成人问卷数据的"虚拟情境锚定法"分析 [J]. 社会, 2017 (06).

[56] 孙立平. "自由流动资源"与"自由活动空间"——论改革过程中中国社会结构的变迁 [J]. 探索, 1993 (01).

[57] 孙立平. 我们在开始面对一个断裂的社会? [J]. 战略与管理, 2002 (02).

[58] 孙灯勇, 郭永玉. 相对剥夺感: 想得、应得、怨愤于未得 [J]. 心理科学, 2016 (03).

[59] 唐兵. 建国以来中国消费者行为变迁研究 [D]. 西南财经大学, 2010.

[60] 田丰. 消费、生活方式和社会分层 [J]. 黑龙江社会科学, 2011 (01).

[61] 田士超, 陆铭. 教育对地区内收入差距的贡献: 来自上海微观数据的考察 [J]. 南方经济, 2007 (05).

[62] 王小鲁. 灰色收入拉大居民收入差距 [J]. 中国改革, 2007 (07).

[63] 王春光, 李炜. 当代中国社会阶层的主观性建构和客观实在 [J]. 江苏社会科学, 2002 (04).

[64] 王俊秀. 社会心态: 转型社会的社会心理研究 [J]. 社会学研究, 2014 (01).

[65] 王艳华. 从消费方式透视"80 后"农民工的身份认同 [D]. 中共江苏省委党校, 2008.

［66］文军，吴晓凯．大都市底层社会的形成及其影响——以上海市的调查为例［J］．华东师范大学学报（哲学社会科学版），2015（05）.

［67］吴开泽．房改进程、生命历程与城市住房产权获得（1980—2010）［J］．社会学研究，2017（05）.

［68］吴清军．市场转型时期国企工人的群体认同与阶级意识［J］．社会学研究，2008（06）.

［69］徐晓军．社区走向阶层化［J］．社会，1999（08）.

［70］应松宝．论大学生就业市场分割与高等教育的相互作用［J］．中国高教研究，2007（03）.

［71］严翅君．长三角城市农民工消费方式的转型——对长三角江苏八城市农民工消费的调查研究［J］．江苏社会科学，2007（03）.

［72］杨宜音，张曙光．理想社区的社会表征：北京市居民的社区观念研究［J］．中国农业大学学报（社会科学版），2008（01）.

［73］杨宜音．个体与宏观社会的心理关系：社会心态概念的界定［J］．社会学研究，2006（04）.

［74］杨婷怡，罗剑朝．农户参与农村产权抵押融资意愿及其影响因素实证分析——以陕西高陵县和宁夏同心县919个样本农户为例［J］．中国农村经济，2014（04）.

［75］叶海云．试论流动性约束、短视行为与我国消费需求疲软的关系［J］．经济研究，2000（11）.

［76］于丽敏．农民工消费行为影响因素研究［D］．中南大学，2010.

［77］余晓敏，潘毅．消费社会与“新生代打工妹”主体性再造［J］．社会学研究，2008（03）.

［78］余红，刘欣．单位与代际地位流动：单位制在衰落吗？［J］．社会学研究，2004（06）.

［79］余永定，李军．中国居民消费函数的理论与验证［J］．中国社会科学，2000（01）.

[80] 赵延东．“中间阶层认同”缺乏的成因及后果［J］．浙江社会科学，2005（02）．

[81] 赵蜜．社会表征论：发展脉络及其启示［J］．社会学研究，2017（04）．

[82] 张翼．当前中国社会各阶层的消费倾向——从生存性消费到发展性消费［J］．社会学研究，2016（04）．

[83] 张翼．中国社会阶层结构变动趋势研究——基于全国性CGSS调查数据的分析［J］．中国特色社会主义研究，2011（03）．

[84] 张海东，杨城晨．住房与城市居民的阶层认同——基于北京、上海、广州的研究［J］．社会学研究，2017（05）．

[85] 张学敏，何西宁．受教育程度对居民消费影响研究［J］．教育与经济，2006（03）．

[86] 张文宏，刘琳．住房问题与阶层认同研究［J］．江海学刊，2013（04）．

[87] 中国新闻网．中国公安部：截至2017年底全国机动车保有量达3.10亿辆［EB/OL］．（2018－01－16）［2018－04－9］．http：//auto. people. com. cn/n1/2018/0116/c1005－29 766686. html.

[88] 周晓虹．转型时代的社会心态与中国体验——兼与《社会心态：转型社会的社会心理研究》一文商榷［J］．社会学研究，2014（04）．

[89] 郑晨．阶层归属意识及其成因分析——中国广州市居民的一项调查［J］．浙江学刊，2001（03）．

[90] 郑路．改革的阶段性效应与跨体制职业流动［J］．社会学研究，1999（06）．

[91] 郑子敏．从房地产广告看城市居住社会分层——以福州市楼盘广告为研究对象［J］．长春理工大学学报（社会科学版），2012（07）．

[92] 仲云云，仲伟周．我国消费需求不足的差异化诱因及政策建议——对不同阶层消费行为的实证分析［J］．现代经济探讨，

2010（05）.

［93］周葆华．新媒体使用与主观阶层认同：理论阐释与实证检验［J］．新闻大学，2010（02）.

**二、英文**

［1］ANDERSEN，ROBERT，and J CURTIS. The polarizing Effect of Economic Inequality on Class Identification：Evidence from 44 Countries［J］. Research in Social Stratifications & Mobility，2012，vol. 30，129－141.

［2］BAUMAN. Z. Identity［M］. Cambridge：Polity Press，2004.

［3］BECK，ULRICH. Risk Society ：Towards a New Modernity［M］. London：Sage，1992.

［4］BIAN，YANJIE. Work and Inequality in Urban China［M］. New York：State University of New York Press，1994.

［5］BIAN，YANJIE & JOHN R. LOGAN. Market Transition and the Persistence of Power：the Changing Stratification System in Urban China［J］. American Sociological Review，1996，vol. 61，739－758.

［6］BLALOCK JR，H. M. Causal Models in the Social Sciences［M］. Chicago：Aldine－Atherton，1971.

［7］BOURDIEU，P. Distinction：A Social Critique of the Judgement of Taste［M］. R. Nice. London：Routledge & Kegan Paul，1984.

［8］BOURDIEU，P. What Makes a Social Class？On the Theoretical and Practical Existence of Groups［J］. Berkley Journal of Sociology，1987，Vol. 32，1－17.

［9］DAVIS，J. A. A formal interpretation of the theory of relative deprivation［J］. Sociometry，1959，Vol. 22，280－296.

［10］GRASMICK，HAROLD G. The Occupational Prestige Structure：A Multidimensional Scaling Approach［J］. The Sociological Quarterly，1976，Vol. 17，90－108.

［11］HERBERT BLUMER. Symbolic Interactionism：Perspective

and Method [M]. Berkeley and Los Angeles: University of California Press, 1986.

[12] HODGE ROBERT and DONALD TREIMAN. Class Identification in the United States [J]. American Journal of Sociology, 1968, vol. 73, 535 - 547.

[13] JACKSON, PETER. Consumption and Identity : The Cultural Politics of Shopping [J]. European Planning Studies, 1999, vol. 7, 25 - 29.

[14] KIKKAWA, TORU. Changes in the Determinants of Class Identification in Japan [J]. International Journal of Sociology, 2000, vol. 30, 34 - 51.

[15] LIN, NAN and YANJIE BIAN. Getting ahead in Urban China [J]. American Journal of Sociology, 1991, vol. 97, 657 - 688.

[16] MCCRACKEN, GRANT. Culture and Consumption: New Approaches to the Symbolic Character Goods and Activities [M]. Bloomington and Indianapolis: Indiana University Press, 1988.

[17] MARY R. JACKMAN and ROBERT W. JACKMAN. An Interpretation of the Relation Between Objective and Subjective Social Status [J]. American Sociological Review, 1973, Vol. 38, 569 - 582.

[18] NAKAO, KEIKO and JUDITH TREAS. Updating Socioeconomic Prestige and Socioeconomic Scores: How the New Measures Measure Up [J]. Sociological Methodology, 1994, Vol. 24, 1 - 72.

[19] NEE, VICTOR. Social Inequality in Reforming State Socialism: Between Redistribution and Markets in China [J]. American Sociological Review, 1991, vol. 56, 267 - 82.

[20] RUNCIMAN, W. G. Relative deprivation and social justice [M]. London: Routledge, 1966.

[21] SCOTT, L. J. and FREESE, J. Regression Models for Categorical Dependent Variables using Stata [M]. Texas: Stata Press, 2006.

[22] SEGAL, D. SEGAL, M. and KNOKE, D. Status Inconsistency and Self - Evaluation [J]. Sociometry, 1970, Vol. 33, 347 - 357.

[23] SERGE MOSCOVICI. Notes Towards a Description of Social Representations [J]. Journal of European Social Psychology, 1988, vol. 18, 211 - 250.

[24] TERHI - ANNA WILSKA. Me — A Consumer? Consumption, Identities and Lifestyles in Today's Finland [J]. Acta Sociological, 2002, vol. 45, 195 - 210.

[25] TREIMAN DONALD J. Occupational Prestige in Comparative Perspective [M]. New York: Academic Press, 1977.

[26] TREIMAN, DONALD J. A Standard Occupational Prestige Scale for Use with Historical Data [J]. The Journal of Interdisciplinary History, 1976, Vol. 7, 283 - 304.

[27] WARDE, ALAN. Dimensions of a Social Theory of Taste [J]. Journal of Cultural Economy, 2008, vol. 1, 321 - 336.

[28] WALDER, ANDREW G. Property Rights and Stratification in Socialist Redistributive Economies [J]. American Sociological Review, 1992, vol. 57, 524 - 539.

[29] WILLIAMS, R. A. Generalized Ordered Logit/Partial Proportional Odds Models for Ordinal Dependent Variables [J]. The Stata Journal, 2006, Vol. 6, 58 - 82.

[30] WOLFE, R. and GOULD, W. An approximate Likelihood - ratio Test for Ordinal Regression Models [M]. Stata Technical Bulletin. Texas: Stata Press, 1988.

[31] XUEGUANG ZHOU. The Institutional Logic of Occupational Prestige Ranking: Reconceptualization and Reanalyses [J]. American Journal of Sociology, 2005, Vol. 111, 90 - 140.

# 后 记

写这本书并非偶然，我一直关注对社会不平等和社会结构变迁的研究，当与博士生导师陈光金老师一起讨论选择阶层认同作为研究的主题，并确定使用定量方法时，我很开心。我自 2011 年开始参加中国社会科学院社会学所的中国社会综合调查（CSS），到 2015 年参加了三次，包括问卷质量的监控和现场的问卷调查，对调查问卷非常熟悉。此外，我从博士一年级就开始注重定量方法的学习，为了弥补在定量方法学习上的劣势，我听过中国社会科学院社会学所夏传玲老师在研究生院开的定量统计学应用课程，并和系里的两位同学一起到北京大学去听郭志刚老师开的社会统计学中级、社会统计学高级和 SPSS 数据处理课程，前前后后听了一年半。在印第安纳大学伯明顿分校社会学系学习交流的过程中，我又有幸上了 Scott, L. J. 的 Regression Models for Categorical Dependent Variables 课程。这些都是为我的研究做准备。

在研究问题聚焦的过程中，陈光金老师给我很多的指导。我是个不自信的女孩，总觉得自己做得不好，虽然上了很多调查统计学课程，但是自己动手比较少。在写作过程中，从定序 logit 模型到广义定序 logit 模型，我在以往学习的基础上，开始自学，看 Statas 手册，向夏传玲老师请教，感谢夏老师，耐心地为我讲解怎么学习广义定序 logit 模型，提醒我在分析中应该注意什么，在他的指点下，我不断地克服自己的不自信和畏难情绪，动手能力有很大提高。感谢中国社会科学院社会学所的李炜老师，他是中国社会综合调查（CSS）的执行老师，写作论文时，每次遇到具体问题，我都会向他求教，他不厌其烦地为我讲解调查问卷中的问题，在一些理论问题和后面的模型解释上给予我很大的启发，并帮我理清思路。感谢我的硕士生导师孙炳耀老师，他对我的写作提过很多建议，并且一直关心我的学习和发展。

还要感谢陈光金老师和他的夫人刘小珉老师，他们给我很多人生的指导，在学习和生活上给我很多帮助，他们带着我做课题，给我讲解怎么写调查报告和学术论文，在一次次的磨炼中，我觉得自己成长很多。

感谢我的工作单位北京农学院，在社会工作系韩芳老师和胡勇老师的支持下，我的研究获得出版的机会。

最后，感谢一直关心和爱护我的家人，他们的爱是我永远的动力。特别要感谢我的父亲、母亲和我的爱人，他们一直给予我最大的理解、关心和支持。感谢生活，感恩生命！

2022 年 1 月